G A I A

through Pepper Lewis

translation by Ayuka Mizoguchi

地球の魂「ガイア」の教え

［チャネリング］ペッパー・ルイス

［訳］溝口あゆか

幻冬舎

親愛なるあなたへ

はじめに――訳者からの挨拶

「地球の魂って、どういうこと?」

本書を手に取ってくださったみなさんは、そう不思議がっているかもしれません。

この本のタイトルにある「ガイア」とは、地球にとっての〝魂〟のような存在です。〝地球の意識体〟とか、〝地球の知覚〟と表現されることもあります。

私がガイアを知ったのは、五年以上前になります。チャネリングという手法を通して、地球の意識体から送られたメッセージがあると、セラピスト仲間が教えてくれたのです。

そのとき、一番興味をそそられたのは、「私が住んでいるこの地球は、人間のことを一体どう思っているのだろう?」「現在地球上で起きていることをどう見ているのだろう?」ということでした。

昔の私であれば、「地球が意識を持つなんて、ありうるの?」とそこで半信半疑になっていたかもしれません。しかし、スピリチュアルの本場であるイギリスに来てから、いくつかの個人的な体験を通して、私の宇宙観は大きく変化していました。
そして、好奇心いっぱいでメッセージを読み始めると、その智恵の深さと情報の広さにまたたく間に惹き込まれてしまったのです。

私は現在、イギリスに住んで十四年目を迎え、カウンセリングやセラピーをイギリスと日本で教えています。また、スピリチュアルな観点からとらえた生き方の本も日本人向けに執筆してきました。そのような関係上、スピリチュアルやセラピー関連の情報がとても入りやすい環境にあります。おかげでさまざまな本を翻訳を待たずに読めたり、たくさんのセミナーや会合に参加したりしてきました。

そうして今まで出会った数多くのスピリチュアルな教えには、素晴らしいものもあれば、首をかしげてしまうものもありました。

しかし私が知る限り、カバーするトピックの多様さ、メッセージの一貫性、智恵の深さという点では、ガイアがまさにダントツであると感じたのです。

個人的な悩みの話から、生きる意味、人間とは、魂とは、地球の歴史、環境、エコロジー、地球と他の惑星との関係、宇宙のしくみ、スピリチュアルな目覚め、宇宙の創造についてなど、どんな質問にも深い智恵で答えてくれます。

しかもそのメッセージには批判の心が一切ありません。ガイアは、観察していることを率直に、遠慮なく、しかし深い愛をもって教えてくれるのです。

ちなみに、スピリチュアルというと、日本では、オーラや前世といったイメージがあるかもしれません。しかし、英語では、単純に「精神性」という意味で、キリスト教などの伝統的な宗教もスピリチュアルに入ります。例えば、英国国教会の大主教をスピリチュアル・リーダーと表現することもあります。

私自身のスピリチュアルの定義は、「深い精神性を通して真実を知ること」です。本書でもそのような意味でお読みいただけると幸いです。


さて、ガイアのメッセージを伝えているのは、ペッパー・ルイスさんというアメリカの女性です。ガイアとペッパーさんの関係は、一九九四年のカリフォルニア大地震の直後から始まりました。被災したペッパーさんに、ガイアが話しかけてきたそうです。

そのときの様子を、ペッパーさんは次のように語っています。


ある日、庭にある椅子に座り、リラックスしているとき、自然が運ぶサラサラした感じの声が、こう尋ねてきました。

〝力がアップするエネルギーを受け取りたいですか？〟

特に考えもせず、〝ＯＫ、もちろん〟と答えると、次の瞬間、今まで経験したことのないパワフルなエネルギーを感じ、興奮とめまいに打ちのめされました。

そして、ガイアは〝地震による困難な経験は、必要なものであった〟とペッパーさんに説明すると、さらにこう尋ねたそうです。

〝私の名前において、あなたの時代と国の人の言語で、私のメッセージを伝えるつもりはありますか？〟

最初は、断ったペッパーさんですが、ガイアは彼女の恐れを和らげ、最終的には引き受けることにしました。そして、ガイアのメッセージをすべて受け取るため、ペッパーさんは自分の思考や意識をすみに追いやることを学び、トピックが何であれ、完全に自分の意識と切り離すやり方を学んだそうです。

それ以来、ペッパーさんは、地球ガイアの声を届けるメッセンジャーとして世界中で活躍しています。二〇〇〇年には、国連の組織であるＳＥＡＴ「Society for Enlightenment and Transformation」にも招聘《しょうへい》され、組織のメンバーの前でガイアのメッセージを伝えました。それは、ガイアのメッセージが「平和、人権の尊重、正義、助け合いの精神、自由」といった国連の精神的理念に合っていると評価されたからでしょう。

私自身が「ガイアのメッセージを日本語に翻訳したい」と強く感じたのは、やはり東日本大震災が起こったときでした。ガイアはその年の一月にアメリカのあるインタビューで、インドネシアの近くに地球のへその緒があり、そこが動くから、そこにつながる地震帯で地震が起きるだろうと話していました。ガイアは、どこでいつといった話はしていませんでしたが、それは私の頭の中に残っていました。

震災が起きたとき、私はこのメッセージをすぐに思い出しました。イギリスにいても、母国のあれほどの災難は、やはり私にとっても大きな衝撃でした。そのとき、ガイアにいろいろ質問してみたい、日本人を励ましてほしいと強く思ったのです。そこで、ペッパーさんに連絡を取り、いくつか難関がありましたが、本書を出版するはこびとなりました。

ガイアのチャネリングは一九九七年ごろから始まりましたが、これまで伝えられてきたメッセージは膨大な量になります。また、テーマも多岐にわたっています。

本書を刊行するにあたっては、過去のメッセージの中から、主に、「人生の目的とは何か」「生きるとは何か」といった根源的な内容を選びました。

また、日本人向けのメッセージは、本書のために行ったチャネリングを通して、新たに答えてもらったものです。質問は、訳者のブログ上で一般の方々から募集しました。

なお、ガイアの回答文にある、（□□□）という丸カッコ表記での補足は訳者によるものです。さらに、具体例があるほうがよりわかりやすくなるところなどには、＊のマークで訳者註をつけています。

ガイアのメッセージには、人間の視野をはるかに超えた広さと深さがあるだけに、ときには、あなたが今まで信じていたことを揺さぶってくるかもしれません。また、納得できるメッセージもあれば、反発を感じるメッセージもあるかもしれません。

ガイアが本書の中で言っているように、ガイアのメッセージにすべて賛成する必要はありませんが、心を開いて読んでもらえれば、きっとあなたの中にもガイアのような深い愛と高い視野が広がっていくでしょう。

いよいよ、ガイアのメッセージが始まります。次のページにある「ガイアからの挨拶」は、日本の読者に向けて特別に話してもらいました。

それでは、ガイアの世界へようこそ！

日本の読者へ——ガイアからの挨拶

親愛なるあなたへ。

高次の領域と深い真実の場から、すべてが知らされ、理解され、気づきが得られるよう、私とあなたはここに集《つど》いました。

この本にある答えによって、あなたが助けられ、また勇気を与えられ、力と健康な感覚を取り戻すよう、ここにすべての気づきを呼び入れます。

そして、島国日本に健やかさと平和をわき起こし、このメッセージを受け取るすべての日本人のみなさんに助けを授けます。私はこれまでも、人類に奉仕したいという思いを持ち、地球の核からエネルギーを発してきました。

この本は、誰かの頭にあった構想を超えて、今魂が吹き込まれ、多くの人に奉仕するという偉大な目的が与えられました。

すべての問題には、必ずいくつもの解決方法があります。たとえ今あなたが、「自分が向き合っている問題には、まったく解決方法がない」と思っていても、必ずあります。ただ、同じような考え方、同じような心の持ち方では、解決方法が思いつかないだけです。そんな場合、まったく違う考え方や見方をすることが必要です。

実際のところ、問題と解決方法はいつも同時に生まれ、双子のようなものなのです。また、質問と答えもやはり双子です。もし、この双子が誕生のときに別々にされてしまったとしても、必ずまた一緒になるときがきます。同じように、あなたの疑問や質問にも必ず答えが与えられるでしょう。

あなたの深い思い、そしてすべての事象には、宇宙より受け継いだ聖なる息吹と聖なる智恵があります。気づきと思いやり、そして他の人に役に立ちたいという思いをあなたの中心に持っていきましょう。

天と地、人類と地球上のすべての王国、あらゆる自然の要素は、みな平等であるという思いを持てば、人々を分かつのではなく、世界の人々の心をつなぐことができるかもしれません。

私はそのためにあなたに語りかけます。

目次

Chapter 1
あなたはなぜ地球に生まれたのか

Chapter 2

なぜ今のあなたになったのか

Chapter 3

あなたの望みを知るために

Chapter
4

アセンションで何が起きるのか

Chapter
5

日本や世界はこれからどうなるのか

Chapter 6

宇宙人、他の惑星、月とのつながり

装丁………大岡喜直（next door design）
組版………オフィスLEAD
協力………本田法子

Chapter

1

あなたはなぜ地球に生まれたのか

地球は「本当のあなた」を探す場所

Q——ガイアとは一体、何ですか？

ガイアとは〝地球の意識体〟です。人間にとっての魂みたいなものですが、人間は必ずしも魂の意識や自分が持っている本質に気がついているわけではありません。それに対して、ガイアは〝地球の意識体〟として、自分自身の意識、そして自己の本質についてよくわかっています。

ガイアは、〝地球の記憶〟でもあります。過去だけでなく、地球の現在と未来の記憶も持っています。ガイアは、この世界が幻想であることや、この地球という惑星の内外で同時に起きている多数の出来事をすべて把握しています。この惑星はさまざまな目的を持ち、決して人間のためだけにあるわけではありません。

またガイアは、四季を一つ一つ運び、成長をもたらし、生命を活性化し、人間を守るための知識や気づき、そして智恵を与えます。

ガイアは、太陽系とも家族としてつながっています。ガイアは、地球という惑星がたどってきた道のすべてを把握した存在であり、地球上に存在するすべての思考、行い、経験の生きた図書館でもあります。

ガイアは、非物質的な存在です。地球の持つ性格ともいえますが、ただ人間が持つような個人的なものではなく、ガイアとはシンプルに、生きた地球そのものです。

Q——地球が生まれた目的とは何ですか？

地球は太陽系とともに独自のあり方で創造されました。

地球が創造された目的は、生命を誕生させ、その生息を可能にし、変容を促し、さらに新たな生命を生み出していくことです。

さて、あなたが知っている地球は、他の地球に生息している存在たちから見れば、また違って見えます。宝石にたくさんの面があるように、地球も違う側面から見ると、また違う地球が見えてきます。ですから、「地球の目的は何か?」と尋ねられたら、先ほどの答えは、あなたがた人間に対してのお返事です。もし、人間以外の他の存在に同じことを聞かれたら、答えは違うものになるかもしれません。

あなたがた人間にとっては、地球は、人類の意識を進化させていくための機会と場所を提供するために創造されました。また、人間だけでなく、地上に存在するすべての種の進化のためでもあります。一人一人の進化、または人類という集団としての進化など、地球上のすべての進化に対して適切な場を地球は提供しているのです。

そしてこの進化という点から見れば、どの側面の地球であれ、これは共通の目的です。物質や非物質、さまざまな生き物や要素など地球に関わるすべてのものが、生命を生み出すという目的を持ち、お互いに関わり合い、理解や能力を高め、意識をさらに高め合っています。これが地球を次のハーモニー、次の進化へと導いていってくれます。

このようにこの惑星は、進化と新しい発見、新しい創造をし続け、さらに高い調和の波動を目指した星なのです。地上にある苦しみや可能性、そして創造と破壊など、どんなことても地球上で起きていることはすべて進化と関わっています。

Q——私という存在は、どこから来たのですか？

もし、あなたがどこから来たかをたどっていけば、あなたは一つの「創造の根源」から生まれたことがわかるでしょう。その「創造の根源」から、最初に一つの思考が生まれました。その思考とは、こうです。

〝さあ、多くを生み出そう〟

そして、その初めの思考から、初めの言葉が生まれ、言葉の波動から多くのものが生まれました。多くの経験、多くの旅、多くの道、多くの環境、多くの存在。

最初の思考が、最初の波動を生み、そこから自らを〝私は在る（I am that I am）〟と認識する最初の存在が誕生しました。

存在が、〝私は在る。私は根源と同じ質を持つものである〟と発するたびに（それが、星の言語であれ、波動であれ）、一つの宇宙の系列（cosmic lineage）が生まれました。

その宇宙の系列は、自らがどんな種族、どんな存在、どんな言語、世界、魂、人生、またはは身体にも進化していけることを知っています。ですから、あなたは今、自分自身を人間と呼んでいますが、実際は違います。あなたは、ある宇宙の系列から進化した存在で、現在は、人間として存在しているのです。

あなたがたのすべてが、どこかの系列に属します。ある人は、地球から遠く離れた系列に、ある人は、地球と関係した系列に属しています。

地球は、若すぎて宇宙の系列を形成するに至っていません。地球は、宇宙のあらゆる系列のるつぼとして、どの系列からの魂も迎え入れています。ちょうど、アメリカの自由の女神が〝疲れて、自分を見失い、自分がどこから来たのか、何をしたらいいのかわからない魂を呼び入れよう〟と言っているように。

だから、周りを見回すと、疲れて、自分を見失っている人が多いことでしょう。

「でも、どうしてそんなことになるの？　偉大な存在、『創造の根源』から生まれて、なぜそんなに自分を見失い、闇に落ちて、盲目になってしまうの？」

と、あなたは尋ねるかもしれません。それは、魂が多くの現実にとらわれて、自分を見る目が歪曲《わいきょく》してしまうからです。そのために、真の自分、自分の神聖を忘れています。

このような自分を見る目の歪曲によって、真の自分を間違って解釈しますが、一方で、全体像を知らないために「自分がどうありたいか」を自分で決めることができます。ですから、あなたがたがここにいる理由は、この歪曲を乗り越えることです。

もし、あなたが「私が地球に生まれた理由は、自分を癒すことだ」と言ったら、私は、「それは間違いです！」と言うでしょう。また、もしあなたが、「私がここにいる理由は、他の人を癒すためだ」と言ったら、私はやはり、「それも違います！」と言うでしょう。

でも、あなたが「私がここにいる理由は、歪曲という状態を通して、『創造の根源』とつながる宇宙の系列の一員である自分を探求するためだ」と言ったら、「ようこそ、あなたは正しい場所に来ました」と答えるでしょう。

この世が存在する理由は、存在し、知り、すべてを理解するためです。存在し、知り、すべてを理解して、そして生き、そこにあるすべてを経験すること。

「創造の根源」にとって、すべてであるという状態でいるだけでは、あらゆるすべてのあり方を経験することができません。ですから、時間や次元を作ったのです。

「創造の根源」が、創造者を生み、創造者が、創造の神を生み、創造の神が、魂の種族（人間、動物、植物など）を生み出しました。そして、あらゆる魂の種族が望むあらゆる営《いとな》み、あらゆる旅を通して、「創造の根源」はあらゆる経験をすることができます。

ですから、目的は、すべてを知り、すべてを遂行し、すべての旅をし、すべてを発見し、自らがその驚異におののくこと。そして、すべてが理解されたとき、偉大なる深い呼吸をし、そして、また新しくすべてが始まります。しかし、違ったやり方で。

Q——銀河系や太陽系は、なんのために存在しているのですか？

この太陽系は、さらに大きな銀河系の一部です。銀河系に存在しているものすべては、同じ道、同じ目的を歩んでいます。それは、「真の自分とは何か？」を知るための道です。また、銀河系には、若い惑星と古い惑星が存在し、それぞれが他の星から学びながら、成長しています。これを「銀河系ファミリー」と言ってもいいでしょう。

つまり、似た目的を持ち、喜び、楽しみ、歴史、学びを分かち合って成長していく家族のようなものです。ですから、銀河系には同じような歴史を持つ惑星があります。

例えば、人類がすでに探求したように、かつて火星には生命が存在していました。そして、また将来そこに生命が存在するでしょう。

なぜその可能性があるのかというと、どの星が生命を担うかなど、太陽系全体のさらなる進化のために、お互いの惑星同士がそのときどきに役割を交代し合い、違う役目を担っているからです。

このように銀河系は、その中で起きていることすべてにとって利益があるように機能しています。そして、銀河系に存在しているすべての太陽系は、それぞれが小さな家族のようなもので、そのどれもが全体の進化に関わっています。

さらに、宇宙に存在する最小の粒子、私たちが一瞬抱く思考、どんな小さく、微細なものでさえも、銀河系全体の進化に関わっているのです。

すべての生命の目的は、生きることそのものです。生命そのものとして存在すること、新しい体験を発見すること、何かを生み出し、創造すること、生きることや生命に関して多くを理解すること、そしてさらなる生命を生み出すことです。

そして、これらを可能にするために、最も大切なことが創造性、創造力です。創造的であることが、生命の最も活力あるあり方です。

生命の目的が、生きることそのものであるのなら、その目的は命あるものを生み出す力によって達成されます。創造のエネルギーはどんな生命を生み出すかをデザインし、実現化させます。そして、生命を進化させ、拡張し、神聖なる息吹を与えます。

こういった創造の力がないところには、深く吸って吐き出す生命の呼吸もありません。

創造のパワーは、事象と事象をつなぎ、存在するものすべてに脈拍や呼吸、そして成長を与えています。

ですから、太陽系の目的は、充分に創造的であること。そしてそれによって、進化を促し、太陽系自身と、そして銀河系、宇宙全体の進化に奉仕することです。

すべては完璧なシステムの中で機能しています。すべては完璧なのです。

科学と芸術、そして宇宙の不思議がここに一緒になっているのです。

Q——宇宙には三次元の他にもたくさん次元があるのですか？

はい、そうです。人間は、他の次元を感じることができないので、他の次元に気づくことができません。気づけないので当然興味を失ってしまいます。

例えばもし、あなたがあるクラブに参加できなかったら、そのクラブへの興味を失い、そのクラブが提供している活動にも興味を失ってしまうでしょう。

それと同じで、もしあなたが、他の次元を目で見ることも、参加することもできなければ、他の次元はあなたにとってまったく無関係なものになります。人間がまったく他の次元を感知できないということではありませんが、基本的に肉体を持つ状態で、他の次元にアクセスすることはかなり難しいことです。

また、現在の人間のものの見方、固定した思考（この三次元の世界だけが唯一の世界だ、など）が、他の次元へのアクセスを難しくしています。この固定した思考が、時間を超えた世界を見ることを妨げているのです。このように人間の思考は他次元を感じられないため、時間という概念ができ、カレンダーが生まれ、一日、一年といったように時間がはっきり感じられるようになりました。

それぞれの次元は、さまざまな密度によって構成されています。一つの次元に、いく層もの違った密度や闇があるとイメージしてみてください。一口に人間といっても、ある人は痩せていて、ある人は太っているなど、いろいろな違う要素を持つ人たちがいるように、一つの次元も同じようにさまざまな密度で構成されています。

ですから、地球にも三次元以外のいくつかの次元があり、また何層もの違う密度があります。ほとんどの人は、現在最も多くの人が認知している次元、つまり三次元に生きています。しかし、これは変化していきます。

空間と時間は、次元と関係があり、また人の意識がどれぐらい高いかにも関係していきます。時間は、光の速度に応じて流れ、光の速度は、意識の高さによって変化します。空間とは、光が流れることのできる背景ともいえます。光は、意識と時間によって違った速度で拡張したり、縮小したりします。

物質が存在するためには、時間が必要です。五十年か百年ぐらいもつ人間の肉体が存在するためには、三次元特有の〝時間〟という概念が必要なのです。ですから、時間は、人間がそこに生きて、さまざまなことを創造していくために作られたものです。

もし、地球上の人々の意識が突然高まったら、光の速度も高まり、人はもっと長く生きるようになるでしょう。

Q——私たちは、「創造の根源」から生まれたということですが、「創造の根源」とはどんなものですか？

「創造の根源」はエネルギーを有していません。それは「無」であり、かつて何かであったことも、そして今後何かであることもありません。実際、あまりに無であるので、そのままで完璧な状態です。と同時に、すべてでもあります。無であり、すべてであるのです。それは、完璧なパラダイムであり、完璧に調和した状態です。そして完璧な音を生み出し、その最高に美しい音は、一瞬のうちに消え、音のない音、光のない光、完全な無、暗闇の世界なのです。

今まで一度も存在したことがないと同時に、その完璧さにおいてそこからすべてが生み出されます。思考にとっては理解しがたい矛盾した状態に見えるでしょうが、真実はこの言葉のままなのです。

さて、ある段階で何かによって何かが創造されました。しかし、それは完璧なものではなく、完璧でないために、ある条件が伴いました。ですが、この条件も何かから生まれ、その何かをたどっていくと、無条件である「創造の根源」にたどり着きます。

これは、とても難しい概念です。「無条件」と「条件がない」というのは、同じことではありません。「条件がない」の反対は、「条件がある」ということですが、それは同じ天秤上にありますね。一方の皿に「条件がない」こと、他方の皿に「条件がある」ことが乗っているのです。

しかし、無条件性とは、「条件がない」と「条件がある」の両方を有しています。

つまり、無条件性は、すべてを有しているのです。しかし、すべてを有する、含む、持つということ自体にも、ある意味制限が生まれます。

つまり、無条件が「何かを有する」という条件を持つことになるからです。制限がある限り、「創造の根源」ではありません。

この状態を超え、条件、または無条件から完全に自由であるためには、それは「無」であること以外にありえません。これは頭で理解するにはとても難しい概念です。なぜなら、人間の自我（〝私〟という感覚）はこういったことを考えたがらないからです。

というのも、究極の真実が「無」であるならば、〝私〟自体も存在しないことになり、〝私〟は自分が存在しない方向へ行くことや、わからない、不可解な状態になることに対して、無意識に恐れや不快感を持つからです。いずれにしても、この概念は思考するにはあまりに不可解なことです。

このように、すべてを創造した存在を定義することはとても難しいことです。ただ、「それであるもの」とは、一言で表すと、最も純粋な「無」の形といえるでしょう。

Q——人間には自由意志がありますか？ それとも、運命に縛られているのですか？

はい、自由意志があります。地球は、人間が自由意志を学ぶには最適な場所です。地球に生きることで、最も集中的に、そして最も直接的に学ぶことができます。

地球上に苦しみや困難が多いのもその理由の一つです。なぜなら、苦しみの中でのほうがより早く学べ、また困難が大きいほうが、人はもがいてどうにかそこから抜け出そうと必死になるからです。

さて、地球は、自由意志を学ぶという目的に沿って作られています。

宇宙の中で、「思いと欲求」があるところにパワーが生まれ、そしてそこに意志が生まれます。地球には、「善と悪」や「光と闇」といった二極のものがたくさんありますが、実際には、すべてこの宇宙に存在する「思いと欲求」という一つの普遍的な組み合わせから発生したものです。

この「思いと欲求」の組み合わせを人間の世界に置き換えると、それは、「愛と思いやり」と言い換えることもできます。そして、どんな自分の思いで何をするにしても、それはこの二つから生まれたものでなければいけません。

そして、宇宙にある「思いと欲求」、人間世界の「愛と思いやり」というこの二つの柱を実践することで、魂は「自由意志とは何か」「天の意志とは何か」「それらをどうやって行使したらいいか」を学んでいきます。

これらを学ぶ方法は、さまざまな人生を通して、さまざまな経験をすることです。人生の目的が何であるかにかかわらず、愛、力、智恵というこれらの三つが必ず盛り込まれています。そしてまた、これらの三つが合わさり、自由意志が発揮されます。

しかし、多くの人にとって自由意志は、単なる概念にしかすぎません。基本的に人は自由であるので、どんな意志も自由に持つことができます。しかし実際は、条件や社会規範、または思考や状況に縛られ、わずかな自由しか経験していません。

ですので、ひとたびある人が「自分は自由ではない」と気づいたとき、「一体どんな自由が天の自由意志に沿っているのか」、そして「地球上でどうすれば本当の意味で自由意志を発揮できるのか」という探索が始まります。

これはとても広いテーマで、この質問だけで一冊の本が書けます。

あなたは「人間をする」というゲームの最中です

Q——人間の魂はどこから生まれたのですか？

〝人間の魂〟という言い方は面白いですね。なぜなら、基本的に魂は一つしか存在しないからです。つまり、厳密に言えば〝人間の魂〟というものは存在しないのです。

魂（大霊）はどんなものにでも、どんな形にもなることができます。ですから、魂とはすべての生命の源です。魂は、ありとあらゆる光からある特定の特質や性質を取り出し、それらの要素を組み合わせて、どんなものでも創り出すことができます。

例えば、あなたがたは遺伝子の構成要素を抽出し、新しい生命を生み出す技術を持っていますね。実際、人間もこのようにして創られたのです。

もしかすると、他の惑星に存在する遺伝子のマスターたちの話を聞いたことがあるかもしれませんが、これは本当の話なのです。信じにくいでしょうが、生命を創ること自体は決して難しいことではありません。

ところが、人間は自分たちが先端の技術を持っていると信じているため、他の存在を低く見る傾向があります。ただ人間がそう思ってしまうのも無理はないでしょう。

しかし人間には見えていない、もっともっと高度な技術がマスターされているからこそ、この宇宙は存在しているのです。

魂は、個としての面を持ちながらも、自分が全体であることがわかっています。自分が全体であることがわかっているので、どんな形にでも、どんな存在、どんな生命にでもなることができます。人間はそのたくさんある創造の中の一つです。

例えば、バラの種を植えて、それがひまわりに育つことはありませんね。同じように、ひとたび人間になる種（要素）が作られたら、それは必ず人間として生命を持ち始めます。

カルマ（業）と言われるものも、あなたが作った種（原因）が、単純にその結果を生むという点で同じことです。これも、宇宙の法則の一つです。あなたが自分で人生を創造し、その人生を生きるわけです。ですから、自分で創造した人生を嫌がったり、放棄したりしないでください。

偉大な力を持ち、偉大な生命の建築家でもある魂（大霊）が、あなたがたの言葉を使えば、いわゆる人間の魂も創造しました。そして、人間の魂が現在、あなたがたが生きている世界を作り上げたのです。

それは、目的を持ち、進化を目指した世界です。多くの魂たちが、この人間をするというゲームに入っていき、ゲームの中で生死を繰り返しました。

すると、やがてゲームへ入っていくドアが閉ざされてしまいました。なぜでしょうか？それはこの人間をするというゲームをゲームとして完全なものにしたかったからです。人間の魂は、どう進化していくかという完璧な計画を作り、現在の出来事や存在すべてを創造しました。そしてドアを閉めることで、他のゲームができないようにしたのです。

しかしまた、最終的にはこの人間ゲームから抜け出す計画も作り出しました。つまり、再びドアが開かれるということです。新しいステップへの次のドアと言ってもいいかもしれません。次に開かれたドアの先には、人間ではなく、何か他の存在になるという違ったゲームが創造されることでしょう。

これが、ある意味人間の歴史です。人間は、魂（大霊）が持ったたくさんのアイデア、存在の中の一つであり、魂の創造物の一つです。人間、そして人間の人生、これは荘厳で壮大な魂の建築物ですね。あなたもそう思いませんか？

Q――人生の目的、魂が転生する目的とは何ですか？

魂にとって、生きることそのものが、人生の目的です。生きること、人生そのもの、そして人生を創造すること――すべてが目的です。

目的のために人生があるのではなく、人生が目的そのものです。

人生とは、気づき、創造、抱く思い、誕生、発見、そして経験のすべてです。これが宇宙における人生の目的です。

いくつもの違う宇宙が存在し、それぞれの宇宙が違った特質、目的を持っていますが、あなたがたが住むこの宇宙は、「調和」が特質の宇宙です。調和を生み、もたらし、そして、さらにもう一段高く、拡張した調和へと発展していくように作られているのです。

そしてこの宇宙は、光と音がベースとなって、創造をし続け、新しい発見をしながら、調和を高めています。人間の脈拍、心音もこの調和にマッチするように作られています。

例えば、あなたがたの肉眼を通して受ける光も、高い振動と調和のエネルギーをもたらすしくみになっています。地球も、いろいろな意味で人類が気づきを得て、この調和を創り出し、さらなる高い波動に引き寄せられるようお手伝いをしています。

このプロセスを助けるために、地球自身も独自の脈拍、音を持ち、地球の核から波動を放出しています。これは、人類が精神的に進化していくうえでも役立っています。

さて、魂の観点からすると、人生の目的はやはり、生きることそのものにあります。魂は、永遠に不滅なので、人間のように生と死を繰り返すという経験をしません。魂にとって生死は、一つの状態から違う状態への移行（肉体があった状態から肉体がない状態への移行）にしかすぎないのです。

言い換えれば、一つのドアを開けて新しい部屋に入り（誕生）、そしてその部屋を出てドアを閉め（死）、また新しいドアを開ける（誕生）ようなものです。

すべての終わりは、始まりであり、すべての始まりは、終わりなのです。ですから、魂にとっては、いつも新しい経験の始まりしかありません。

また、光（生）と闇（死）にも違いはまったくなく、単に波動と密度の濃さが違うだけです。つまり、魂にとっては死というものはなく、肉体を有する波動（濃い）から肉体を持たない波動（薄い）への移り変わりがあるだけです。

例えば、あなたの中に、ある思考が生まれ、去っていきますね。流れていく思考の中で、一つ一つの思考がどの瞬間に浮かび、どの瞬間に去っていったのか。あなたは正確にわかりますか？　おそらく、わからないはずです。なぜなら、一度に多くの思考が浮かんでは去っているからです。

典型的な一日でだいたい、人間は一万回から三万回の思考をしますが、そのほとんどはまったく無意識です。いつも考えているというのに、ほんのちょっとの思考にしか気がついていません。しかし、魂は、気づきをもたらす思考にちゃんと注意を向けています。

魂にとって輪廻転生《りんねてんしょう》の目的とは、この気づきの思考――新しい成長へ導く思いをしっかりつかみ、さらなる意識の向上につなげること。そして、新しい発見や幸せに向けてその人を導き、ともに歩んでいくことです。*1

それが最終的に魂をさらに高い調和の波動へと導いていきます。

魂は、転生を繰り返し、さまざまな肉体をまとい、さまざまな人生で染まっていきます。

あなたは、「一つの魂が多くの肉体に宿り、たくさんの人生を経験している」と思っていますか？　いえ、実はそうではありません。

あなたがたの魂は、宇宙の最も本質的な部分から生まれています。

つまり、あなたがたは、「無条件の愛」そのものなのです。

この宇宙の愛を持った魂は、あなたがたが思っている以上にそのエネルギーは大きく、一つの魂は、何人もの人間や、いくつかの存在に一度になることができます。

聞いたことがあるかもしれませんが、これを「ソウルファミリー」と呼ぶこともあります。魂はエネルギーを蓄積し、そこから形（物質）を生み出し、ある特定の方向へエネルギーを向け続けることで、魂の望む人生を創り出していきます。

波動として非常に重たい肉体もこのような過程で作られます。ある量の愛のエネルギーに基づいて、ある量の生命のエネルギーが生まれ、そこから肉体が生まれ、人間という人生を実現し、そしてそれを維持することができるようになります。[*2]

これは、とても大きな質問への、序の口のお返事です。

＊1―例えば、ある人が長年不仲だった人と和解したほうが良いかもしれないという思いをふと持ったとしたら、魂はその人がその思いを実行していくように導くなど。

＊2―ある望み（ある特定の方向）に対してポジティブな思いを持ち続ければ実現すると言われるように、物質化（実現化）にはエネルギーの蓄積が必要。

あなたは最低七つの目的を持っています

Q——自分の今世の目的はどうすれば見つけられますか？

魂の目的を知るためには、まず、魂について理解する必要があります。地球上の人間でこれを理解している人は非常にまれです。

なぜなら、人は魂についてではなく、宗教を教えられ、真の自分が何者かを知ったり、自分が抱いた気づきを信頼したりすることを教わっていないからです。また、魂である真の自分を知るための探求をするよりも、外に目を向けることを教えられ、事実ばかりを習わされているからです。

このため人は魂の目的を知るのが難しくなっています。

さて、魂の目的は多面的です。人間がこの多面にわたる目的のすべてを知ることは、めったにありません。なぜなら、ほとんどの人が、魂の目的は一つだけだと思っていて、その一つの目的を探しているからです。

しかし、魂はもっと高く広い視野を持っています。


例えば、地球上のすべての生命は、最低七つの違う目的を持っています。一つだけではなく七つです。畑に生えているキャベツを例にとってみると、キャベツにも最低七つの目的があります。例えば、地球への奉仕、人間への奉仕、そして医療的な目的、資源としての目的、などといった目的です。

人間一人一人にもこのように最低七つの目的があります。そして、この七つの目的のうち、もし三つでも知ることができたら、その人はかなりラッキーな人です。


さて、目的を見つけるためには、それなりの気づきが本人にあることが必要です。自分の思い込みや考え癖を解放し、真実を知りたいという純粋な意識を持って、自分の気持ちや思いを探り、魂とつながることが必要です。それでも、見つけられない残りの目的は無意識のレベルにそのまま残り、魂によって導かれるようになっています。

魂は、その人が自分の目的を知らなくても、生きていくうちにそれがわかり、その人が目的に沿っていけるように道を作ってあげています。そして、目的が遂行され、なんらかの結果を出せるように導いているのです。

もし、人が自分の目的をぜんぶ知ることができたとしても、実はそれによるメリットは特にありません。なぜなら、もしすべての目的を知ってしまったら、その人は目的から逃げてしまう可能性があるからです。「ええ〜、それは嫌だなぁ」「それはちょっと大変すぎる」、または、「それは物足りない」「それよりも、こっちのほうがいい」など、目的に背を向けてしまうかもしれません。人間は、種族として少々なまけものの性質があります。魂の助けなしには、困難な方向へ向かいたがらないのです。

ですから、魂は、ある程度の情報、知識は人に与えますが、ぜんぶを教えることはありません。ただ、目的を教えない代わり、もっと価値あるものを魂は与えてくれます。

それは、生きる意志、欲望、夢といった何かを求める心です。なぜなら、これらのほうが人間にとって、人生の目的を遂行する大きな動機となるからです。

Q——どうしたらもっと自分の魂との関係を強めることができますか？

そのためには、「魂を持っている」と考えるのではなく、「あなたは魂そのものなのだ」と考えることが一番良い方法です。

「魂を持っている」という考えには、「所有するもの」「自分と分離しているもの」「つながる先のもの」「自分についているもの」というニュアンスがあります。

しかし、あなたは、魂そのものです。魂が人間をやっているのです。魂が人間としての性格や肉体を持っているのです。

英語で人間のことを「Human being（Human＝人間、being＝存在する、ある）」と言います。決して、「Human doing（doing＝行う）」とは言わないですね。これは、「何をするか」よりも、「どうあるか」のほうが、より高い成長への可能性を持っているということなのです。

「魂として存在すること」「あなた自身であること」「一瞬一瞬にあなたがどうあるか」が大切です。先ほども言いましたが、魂が体を持っているのです。その逆ではありません。

この考えをまずしっかり自分の中に持ちましょう。そして、「目に見えない魂としての自分」が真実で、「人間である自分、肉体を持っている自分」のほうが幻想であるのだ、と認識してください。そうすれば、あなたはより魂のレベルで生きることができます。

あなたには偉大な目的があります。それは目に見えたり、触れたりできるようなものではありません。五感を超えたものです。意識のレベルではっきりそれが認識できなくても、〝魂であるあなた〟と、〝人間であるあなた〟は、ともにその目的を生きています。

魂は、〝人間であるあなた〟が生きているすべての瞬間、すべての経験、すべての思考、すべての欲望、すべての行動をともに生きています。

このことを知っているだけでも、あなたは、魂である自分自身に近づけます。反対に、「人生とは苦しいものだ」「人生とは困難ばかりだ」「食べていくことが人生なのだ」と嘆いていると、〝魂であるあなた〟から遠ざかってしまいます。

最終的には、〝人間である自分〟と〝魂としての自分〟は一体化しなければいけません。しかし、ある人が人生に対して、「人生なんか意味がない、目的などないのだ」と大きな不満の心を持っていると、その人は、〝魂としての自分〟から離れてしまうのです。

Q――魂の計画は、どんなふうに立てられるのですか？

魂の計画は、ときどき幾千年も前に立てられることもあれば、人生が始まってから決められることもあります。魂の計画は、その人が人生で何をやるかに深く関係しています。

そういう意味で魂の計画を立てること自体も、魂の旅の一部となります。

すでにお話ししましたが、魂は同時に何人もの人間、または違う存在になることができます。そのため魂の旅は、多くの他の生や、同時に生きている違う人生、または、地球ではなく、違う惑星に生きている人生との関係で調整することができます。

そうしながら、すべてある学びのレッスンと関係して目的が作られます。また、その学びのテーマに関して、三つ先の人生まで計画を作ることもできます。

例えば、学びのテーマは、奉仕に関することかもしれません。または自分勝手と自己犠牲の違いを知ることであれば、ある人生は寛大であることを体験し、ある人生は、奴隷のように誰かに仕える人生になるかもしれません。

いずれにしても、学びのテーマを遂行することで、魂は、物事の真実が理解できるようになり、さらなる可能性を伸ばすことができるようになります。

さて、人間として生まれたあなたには魂が立てた計画を実行するという仕事があります。人間であるあなたが魂の目的をすべて知ることはないでしょう。しかし、それでも魂と寄り添って目的に沿った道を歩むことが大切なのです。

もし、人が人生の目的に沿って生きていない場合、人生そのものの意味が失われ、魂もその人生に興味を失ってしまいます。魂は、物体である人間と非物体である魂が真のコミュニケーションを持って人生を生きられるよう、人生全体をきちんと見守っていなければいけません。

そして、物体（人間）と非物体（魂）が一緒になったとき、探求と気づきをもたらす深い意味ある人生となります。またこのように、人と魂が共同作業を始めたとき、ある一種のユニークなエネルギーが放出され、人生はさらに意味あるものになり、目的もさらに明白になります。魂にとっても、肉体を持つ人間との親密な関係を作るには、それなりに時間がかかります。

古い魂、新しい魂という言葉を聞いたことがあるかもしれません。古い魂とは、自分の人間である部分を幾世も導いた経験があり、どうやって導いたら良いか、どのようにしてコミュニケーションが取れるか、またどうやって方向を示せばいいかを知っている魂です。この場合、その人の人生はさらに目的と意味を持ち、高い目標、高い波動を帯びています。

人生は何かを得て、手放す、その繰り返しです

Q――魂がたくさんの人生を経験するならば、学んだことを魂は覚えているのですか？そうでないと、学ぶ意味がないと思うのです。

もちろん！　あなたは、すべて覚えています。宇宙は完璧であって、そして自分自身を学んでいるのです。宇宙が完璧だということは、あなたも完璧だということです。ですから、あなたは完璧になることを目指しているのではなく、完璧な状態からどんな経験をしたいかを見回し、過去や未来を見ているのです。

すべての生き物、すべての人生の目的は、生きることそのものです。「創造の根源」がそうであるように、あなたは完璧であって、すでに完結しています。ですから、あなたが

なれないものなど一つもなく、また、あなたが失っているものも一切何もないのです。

そうであれば、なぜ、あなたがたは、完璧になるために（真に幸せになるために）は、困難を経験し多くのことを学び、成長しなければならないと思うようになったのでしょうか？　なぜなら〝自分は欠けている〟という思いが、あなたがたを三次元の世界に留めてしまっているからです。

三次元の世界は、宇宙もあなたも完璧であるという真実から最も遠いところにあります。しかしあなたがたが〝自分は欠けている〟という思いを手放せば、より真実に近づきます。


完璧（真の幸せ）への秘密は、次のドアが開くとき、あなたが今まで得たものを持っていこうとするのではなく、反対にそれをあきらめてしまうことです。そして、すべての状態、出来事、そして他者のあり方を批判したり、変えようとするのではなく、心から降参してしまうのです（嫌がったり、抵抗することで、逆にその状況が長引いていく）。

では、次のドアとはいつ開くのでしょうか？　あなたがもがくのをやめて、すべてに降参したとたんにドアは開きます。そうです。あきらめると次の新しい可能性が開くというパラドックスがここにはあります。もう一つの秘密（パラドックス）は、すべてはこのままでいいのだと認識することです。これは、より良い世界を創ろうという思いに反するように思えるでしょう。

しかし、このパラドックスへの答えは、「あなたは何であるか？」というほうが「あなたは、誰か？」「あなたは、何をしているか？」よりも大切だということにあります。*3

「何かをする」というのは、思考の活動で、「どうあるか」は、魂の活動です。あなたは、苦労したり、何かをするために地球に生まれてきたのではありません。もちろん、だからといって何もしないでぶらぶらしていればいいという意味でもありません。

あなたの魂は、自分自身や他者とつながり、そして「創造の根源」とつながることを一番望んでいます。あなたがたの地球での目的は、波動の最も密度の濃い形である肉体を養い、維持しながら、この魂の望みを達成することです。

＊3——自分は、何某という名前の、○○という仕事をしている者という認識ではなく、真の自分は、「創造の根源」であるという視点から、世界や出来事を見渡すと、すべては起こるべくして起きている、つまり完璧であることが認識できる。この視点を持つことで、真の幸せが得られる。

Q——学んだことを魂がすべて覚えているならば、どうして同じパターンや間違いを繰り返すのですか？

あなたがたは、日々何かを学びながら生きています。毎日、毎瞬が学びの機会です。ですが、もう一つ違う可能性がここにはあります。もし、あなたが地上にいる理由の一つが、学ぶことではなく、学んだことを忘れることだとしたら？

コペルニクスがかつて言ったように、あなたが今までたくさん学んだこと、教わったことが、間違いだったとしたら？　また、今まで生きてきた多くの人生の目的の一部は、学んだことや身につけてきた考えや行動をやめてしまうことにあったとしたら？

もし、そうであるならば、あなたは今まで学んだことを早く忘れてしまったほうが、早く成長できますね？

あなたは、あなたの両親から教わったことを一度学んで、そしてそれを後から手放したことがあるでしょう。また、前の恋愛関係で持っていた考えや行動を手放して、次の恋愛へ移るのにどれぐらいかかりましたか？

人生とは、学び、そして学びの解放の繰り返しなのです。つまり、あなたがどうあって、何をして、そして、あなたが何を創って、何を破棄するかということの繰り返しなのです。

このように得たもの、創造されたものは、すべてまた次に手放され、形を変えていくのであれば、あなたは一体何を保持しておきたいのでしょうか？　何もないはずです。何も保持しておく必要はないのです。

魂は、学んで、得ていくと同時に、このように何も保持することがないのです。これも宇宙のパラドックスです。

「創造の根源」は、大霊、すべてであるもの、絶対性、「無」や「空」などと呼ぶこともできます。この視点から、あなたが何を保持するか、何を放棄するか、何を忘れるか、何を覚えておくか、何を無視するかは、あまり大きな問題ではありません。

あなたの魂は、あなたがどうであるのか（母親であったり、会社員であったり、金持ちであったり、貧乏であったりなど）によって、いろいろなものを得たり、学んだりし、そして、またそれらすべてを忘れるように人生を導いてきました。

しかし、三次元の幻想の世界にいるあなたは、得て（学んで）いくことで自分はより良い状態に向かっていると信じています。

ここで、ある意味、ことが面白くなってくるのです。

なぜなら、魂の目的は、体、物体、物質的な考え（目に見えるものがすべてだ、など）

を超えた状態を目指しているのに対して、人間であるあなたは、できるだけ多くの物をそろえ、多くの知識を得ていくことに邁進《まいしん》しているからです。

結果として、当然混乱が起きます。しかし、この混乱も計画の一部なのです。

どのみちあなたは、あなたのマスター（主人、自分の魂）の目的へと必ず導かれます。あなたのマスターとは、あなたの魂や魂の導き手だけを指しているのではありません。多くの場合、マスター（教師）はあなたが反面教師だと思っている人でもあります（例えば、〝私はお母さんのようには絶対ならない〟など）。

しかし、あなたはそのうち、そうならないようにと頑張るのではなく、「自分はどんな人になりたいのか」という本当の思いを探り、それを実現していけるようになります。

そして、「自分らしい自分」を体験したのちに、最終的にはそれすらも解放し、「創造の根源」である自分を再発見します。

このように、学び（母親のあり方を知る）、それを捨て（お母さんのようにはならない）、また学び（自分らしく生きる）、そしてそれをまた捨てる（真の自分の発見）といった人生の旅は、とても重要なものなのです。

人生のさまざまな出来事、人間関係を通して、あなたが何を知る必要があるかが、ときにはかすかに、ときにははっきりと現れ出てきます。

あなたは、あなたが発見したこと、学んだことはすべて保持できます。それらは魂に刻まれ、あなたがどこで何をしようと失うことはありません。ただ、必ずしも意識のレベルでそれがわかっているとは限りません。また、あなたが魂のレベルで望まない限り、同じ経験を繰り返すこともありません。完全にあなたの選択なのです。

ときどき、あらゆる視点から完全に理解するために、ある経験を繰り返すことはありません。でもあなた自身が、もうこれは充分経験したと決めることができるのです。

一つの生で学ぶか、または何千もの生をかけて理解していくか、すべてあなた自身（魂のレベルで）が決めます。「創造の根源」は、どんな選択も一切批判、判断をしません。あなた自身は、人生の経験を大学の講義を受けるような難しいものととらえているかもしれませんが、魂はそれをディズニーランドへの楽しい旅行だと見なしています。楽しい幻想、鏡が曲がって映る世界への訪問です。

しかし、この楽しい旅をできるだけ本物らしく思わせるために、あなたの魂は、このディズニーランドで何を発見し、何を成し遂げるかという目的を計画します。

肉体を持った人間であるあなたは、この目的をものすごく真剣に受け止め、これを成し遂げたら、次の段階へ進めると願いながらがんばります。

あなたが生きてきた何千もの生は、重なり合っています。ですから、一つを成し遂げて次に行くということでは必ずしもないのです。古代の人々はこの真実がわかっていました。もし、あなたが「時間は幻想である」と理解できれば、すべての生は同時に起きていることがわかるでしょう。ですから、今の生でなんとか達成しなければと自分にプレッシャーをかける必要はないのです。

世間には、必ずしも真実をきちんと説明しているとはいえない権威団体（宗教や教育団体など）や、自分がまだよくわかっていないことを〝私の話を信じなさい〟と教えようとしている人たちがたくさんいます。

ですが、それはそれでいいのです。すべて神聖な宇宙の領域で起きています。

そういった人に導かれる人たちは、真実に導かれるのではなく、誤ったものに導かれる経験で学ぶことになっているのです。

Chapter

2

なぜ今のあなたになったのか

洗練された感情は進化の証です

Q――人の性格や才能は、どの段階で作られるのですか？

性格とは、写真アルバムのように魂が記憶を少しずつためてできてきたようなものです。性格は人生の目的とも一致しますが、遺伝的な部分もあり、また、脳とも関係しています。脳、心、そして思いは違うものとして区別しなければいけません。

心や思いは、人生の目的や魂、そしてすべての生きとし生けるものと関係し、神、「創造の根源」ともつながっています。脳は、人間として機能すること、地球上での生活を可能とすることに関わっています。そして脳は、構築、エンジニア、機械といった機能を持つ左脳《さのう》と、美術、音楽、文学、またインスピレーション、目に見えない世界を感知することに関わる右脳《うのう》で構成されています。

性格とは、これらすべてがブレンドされたものです。「創造の根源」の一部である性質と、魂の目的に沿ってブレンドされたもの、そして、両親や育った文化、遺伝的なもの（体の細胞は記憶を持っている）から得たもので作られています。

また例えば、その人が、感情・感覚型なのか、または思考型なのか、またどれぐらい深く人生の目的とつながっているかなどによって、性格を構成しているものが変化し、性格そのものも変わっていきます。

人間がより魂の目的とつながっているほど、性格は、柔軟で優しく、ある意味女性的な要素が増えていきます。ですから、例えば、人が、〝自分は以前よりも穏やかになったな、成長したのかな〟とか、〝競争心が強かったのに、最近は他の人のことをもっと考える性格になった〟などと感じるようなときは、生の目的がきちんと遂行されている証拠です。

Q――どうして人間は感情を持っているのですか？

それは、魂が自分自身を表現できる手段の一つだからです。それができるから、多くの魂が人間やいろいろな存在になって、多くの経験をしようと試みるのです。

たとえ感情が抑えられないほど激しくなったときでも、感情があることは、人間であることの一つの喜びであり、魂もそれによって自分自身を表現できるようになります。

人間が持つ感情は、魂にとってはなまの素材のようなものです。自然木を木材にしたり、磨きあげたりするように、魂は、このなまの素材をどう洗練させていくかを学んでいきます。笑い、怒り、欲求不満など、どの感情も魂にとっては学びの栄養素となります。魂は、感情について勉強し、学んで、そして時間をかけて感情を洗練させていきます。

〝感情を洗練させる〟とは、感情を静かにさせるとか、なくなるようにするという意味ではありません。感情がどういうものかを理解していくということです。それによって、なまの部分が減り、より洗練された質を持った人間になれます。

感情のままになっている（なまの感情のまま）状態は、自分がどうあればいいのかがわからず、ただ感情に振り回されて行動している状態です。しかし、これはどういう感情なのか、どうしてそんな感情になるのかなど、感情について理解を深めれば、自分のあり方を選ぶことができ、より洗練され、より進化した人間となれます。

そしてこのことは、人類のさらなる進化にもつながります。

人間を洗練させ、進化させるために、魂は気が遠くなるほどたくさんの生を経ていきます。しかし、それは庭に植えられた美しい花が成長し、良い香りを放ち始める過程と同じように素晴らしいものです。このように、進化の芽である〝なまの感情〟にも、また成長した花である〝洗練された感情〟にも、魂と人類の進化に向けた偉大な目的があるのです。

Q――どうしたらもっと感情を洗練させることができますか?

それは、「今」に生きることです。そして、その感情が、愛であろうと怒りであろうと、自分をよく見つめて、わいてきた感情は〝他者が原因なのではない〟と認識してください。

また、「自分自身について知る」「自分に問いかける」「自分を愛する」「自分を尊敬する」、そして「自分自身を導いていく」といったことを学びましょう。そうすれば感情に振り回されるのではなく、感情を上手に表現できる、洗練された人間になれます。

また、〝魂であるあなた〟、もしくは、あなたのハイヤーセルフ（自分の魂が宇宙と直接つながっている部分）は、魂の目的に深くつながっています。そのことを認識し、真の自分のレベルで生きることを意識し、人生を生きるようになったとき、感情は自然と洗練され、磨かれ、そしておのずと調和が取れていきます。

自分を見つめ、愛していくことで、真の自分がわかり、そして責任を取るということの真の意味[*1]が理解されれば、さらなる真実、さらに高い波動へとつながっていきます。

＊1――責任を取るという真の意味――相手が悪い（自分には責任がない）と思っているときは、感情はなまのまま。しかし、私は私の感情に責任があるときちんと理解できたとき、感情は洗練されたものになる。

Q――日本人はどちらかというと感情を押し殺しがちです。特に人前や公の場では、あまり自分の感情を見せないように気をつかいます。この傾向をどう思いますか？

日本の文化では、これは良いことだと思われていますね。自分の感情を露《あらわ》にすることで、他の人の重荷にならないようにすること、他の人に嫌な思いをさせたり、悲しませたりしないようにと気をつかうことは、良いことと見なされています。

しかしながら、本当の気持ちを見せないということは、偽りの自分を他の人に見せてしまうことになります。そうすると、相手からも偽りの姿しか返ってきません。

そのために、親近感や思いやり、愛情といったものが失われ、相手がどんな思いをしているのかをただ推測するだけになってしまいます。詮索《せんさく》することは失礼だと思い、尋ねることもなく、相手の苦悩を知らないかのようにふるまいます。そうすることで、分かち合う涙も飲み込み、そして相手に与えられる笑顔も飲み込んでしまいます。

ですから、ご質問へのガイダンスとしては、本当の自分自身を表現すること、もっと自分自身を見せることを良しとしてしまうことです。大昔、あなたの想像を超えたもっと昔、日本にはとても幸せで、多くの喜びに満ちた人々が住んでいました。常に笑顔が絶えず、彼らの魂は、どんなふうに人生を楽しめばいいかをよくわかっていました。

しかし、多くの年月が経つにつれ、この文化が少しずつずれてきてしまったのです。楽器にたとえれば、チューニング（音）がずれていったような感じです。そして、この国の文化、人々は、いつしか完全にその状態からはずれてしまいました。

今では、自分自身の喜びを探るよりも、社会の規範など周囲を優先して考えるようになりました。本当の自分の気持ち、真の自分らしさに蓋をして生きるようになってしまったのです。

さて、自然を見渡せば、すべてには周期があります。あなたが何をしようと決心したか、または何をしないと決めたかにかかわらず、自然や宇宙の周期がそのつど人々に変化をもたらします。現在、日本のこういった文化は変化をし始め、新しい周期へと修正を始めています。

ただ、完全に変化し終えるまでは、最低約二百年、もしかすると五百年ぐらいかかることもありえるでしょう。

遠く離れていても思いは伝わります

Q――日本のある独身女性からの質問ですが、ソウルメイトについて教えてください。

ソウルメイト、そしてまたこれと似ているツインソウルについては、たくさんの誤った考えがあります。自分の片割れ、欠けた部分を補ってくれる相手、自分を完全にしてくれる相手がどこかにいるといったロマンティックな考えです。しかし、あなたは「創造の根源」とまったく同じ要素を持ち、すでに完全な存在なのです。

このソウルメイト探しの問題は、多くの人がまだ自分を愛することを学んでいないことにあります。ですから、外に相手（愛）を探しに行ってしまいますが、一番大切なこと、宝物が潜んでいる場所は、自分自身の中なのです。

さまざまな愛を経験し、「愛とは一体何なのだろう？」と自分に問いかけながら愛を求める旅は、最終的には真の愛の発見につながります。

ソウルメイトとは、あなたに〝魂の自分〟という感覚を思い出させ、あなたの深い部分、つまり宇宙とつながっている部分に触れさせてくれる存在です。あらゆる物が神聖であり、地球上にたった一つのバラ、たった一つのキャベツがあるわけではないように、あなたの深いところに触れる相手は何人もいます。そういう意味で、あなたを完全にする一人の相手がいるということではないのです。

さて、ツインソウルは、多くの人がイメージしているソウルメイトに近いかもしれません。完全に同じ容姿を持った双子の兄弟をイメージしてみると、彼らはとても似ていて、絆も強いですが、違うところもたくさんありますね。

このように、ツインソウルとは、非常に似た部分を共有しつつ、お互いの違うところを補完し合い、一つの魂として完全にしていく関係です。とはいえ、これも必ずしもロマンチックな関係とは限らず、相手が兄弟や友達、親であることのほうが多いものです。

Q――最近では、家族が遠く離れて暮らすケースも増え、家族の世話ができず、家族の死に目に会えないこともありますが、それでいいのでしょうか？

家族とのつながりとは、魂のつながりでもあります。とはいえ、家族全員が同じソウルファミリーから来ているとは限りません。ソウルファミリーとは、それぞれ違う性質の魂が、ある特定の目的、または特定の成長を目指して、ある決まった体験を一緒にするために集まったグループです。

一つのソウルファミリーの中でも、似たような経験をしている魂同士によって、さらに小グループに形成され、そのグループの目的が作られます。

ですので、家族仲の良し悪しにかかわらず、みんなが同じようなことで悩んだり、似たパターンにはまったりするケースが多いのです（みんながお金に関して問題がある、など）。

例えば、テーマが遺産相続である場合、すべての家族のメンバーが誰にどう遺産を振り分けるかという問題に関わることになります。そこで、豊かさとは何か、分け合うこと、公平さとはどういうことか、などをお互いに学んだり、教えたりすることによって、自分たち自身がそういったテーマの教え手となったり、または癒し手となったりします。

どの家族もどこかのソウルファミリーに属していますが、必ずしも全員が同じファミリーから来ているというわけではありません。例えば、家族のメンバーの四人か五人が同じ目的のために一緒になっていても、ある他の家族の一員は、違う目的や違う望みを持っていて、なんらかの理由でその家族に生まれてきていることもあります。

さて、遠くに離れて暮らすケースが増えているということに関してですが、家族同士の魂の関係がどれぐらい強いのかによってケースは違ってくるでしょう。魂の関係が強ければ、家族の世話をすることはとても重要になってきます。しかし今、私（ガイア）とあなたは、こうやってコミュニケーションを取っていますが、あなたが話している相手は、もちろん目に見えるガイアではありませんね。

つまり魂は、完全な絆《きずな》を保つために物理的に近くにいる必要がないのです。誕生や死に目に立ち会わなければいけないというのは、人間の考えです。

魂とは非常に大きなものです。そして、魂はテレパシーや、またはエネルギーを使った方法で、コミュニケーションを取ることができます。

そういうわけで、実際にそばにいなければいけないというのは、肉体を持つ人間の思い、人間社会の文化の中だけで大切なことです。

Chapter

3

あなたの望みを知るために

不安にとらわれず、好きなことを始めていいのです

Q――多くの人が食べていく不安から本当にやりたいことをあきらめてしまいます。こういった不安をどうやって乗り越えたらいいでしょうか？

生計を立てる方法はたくさんあり、それを発見していくことも魂の挑戦の一つです。もちろん生計を立てるだけではなく、自分がやりたいことなどあらゆることが可能です。

やりたいことをして生活していく難しさの一つは、例えば、「世界が経済の困難に直面しているときに自分自身の望みばかり考えていてはいけない」「一人前の大人としてどうあるべきだろう？」「家族を支え、将来への保障も考えなければいけない」といった自分へ課している思いがたくさんあることです。

ですから難しさは、「自分の好きなことで生計を立てる」ことそのものではなく、こういった思いを持ってしまうことにあります。〝一生懸命働かなくてはいけない〟とか、〝誰かに雇用されていないといけない〟といった思いもそうです。

また、〝失敗してしまうかもしれない〟〝自分にはそんなことできない〟〝この社会の状態では無理だ、周囲がそれを許してくれない〟といった思いも難しさのもととなります。

「好きなことをして生計を立てる」という、もともとは一つの純粋な思いが、これらの思いであやふやになってしまうばかりでなく、不安もどんどん増大していきます。

こういった心の状態では、自分の創造性を発揮することができず、好きなことを仕事にするのは難しくなるでしょう。

また、このような不安に基づいた思いのために、選択できるはずのいろいろな可能性が見えなくなり、結果として経験することも限られてきます。

ですので、この問いに対する解決方法は、不安の思いにとらわれず、自分が好きなことをとりあえず始めてしまうこと。そして、古いパラダイム（今までの状態）と新しいパラダイム（好きなことで生計を立てる）の両方にどう自分を合わせるかを模索することです。

船が一つの大陸から他の大陸へ移動するとき、目的の海岸にたどり着くためには、安全で丈夫な船が必要です。そして、海を渡っている間は、前にいた大陸と新たに目指す大陸の両方のことを考えていなければいけません。

ですから、前にいた大陸に関わる現実的な面に対処しながら、新しく目指す大陸への夢やわいてくるアイデアを練る移行期間がしばらく自分の中に存在するでしょう。一足飛びに、新しい大陸へ到着するというわけにはいかないのです。

好きなことはもちろんできますが、しばらくは収入をまだ古いパラダイム（現在の仕事）から得ることになるかもしれません。ですから、両方の世界を上手に舵取りすることを学んでください。そして、そもそもあなたの人生にとって、最も大切なことは何かを理解することも重要です。

「ただ食べていければいいのか？」「自分らしさを発揮して生きていきたいのか？」などと自分に問うことです。そして、それが自分の中ではっきりしたとき、人は自己の可能性を拡大し、愛のエネルギーという宇宙の創造のエッセンスとつながった変化が起こせます。そして、生きることそのものが芸術作品となるのです。

このように、芸術作品を作り上げるように、人生を創っていく生き方を学ぶことが大切です。それによって人生は満ち足りたものになります。

人生に対して不平を言ったり、ただ必死にあがいたりすることは、多少の変化は起こせても、必ずしも満足した人生とはならないでしょう。

Q――例えば〝田舎でゆっくり暮らしたい〟という思いと〝都会で仕事を続けたい〟という二つの違う望みがある場合、どうしたら自分の本当の望みがわかりますか？

これは難しい質問です。

なぜなら、どちらかを選ぶことに答えがあるわけではないからです。

一見、田舎でのんびりすることのほうが、都会で働くより良いように見えるかもしれません。しかし一方で、「いや、そんなことはできない。都会で仕事をしなかったら、田舎でのんびりするお金が稼げない」といった思いがわき、そこに葛藤が生まれます。しかし、葛藤の中には本当の答え、真のメリットは見出せません。

ですから、田舎でのんびりすることが、その人にとって良いことだと単純には言えないのです。なぜなら、〝田舎でのんびりしたい〟は、単に〝他の何かをしない（都会で仕事をしない）〟という思いから出ているだけで、真の欲求ではないからです。

真の欲求とは、何かをしないために、別の何かをするという思いから出てくるものではなく、また、何かそれと対抗する思いを持ちません。

欲求とは「愛と思いやり」とも言い換えられるとお話ししましたが、こういったポジティブな思いをベースにした、真に自由な気持ちから生まれたものでない限り、本当の満足につながることはないのです。

ですから、「どちらだろう?」といろいろ模索した果てに、結局どちらでもない真の思いを見つけて、やっと願っていたものを得ることも多いのです。

現在、多くの人が、満足感や喜びを感じられずに人生を過ごしているでしょう。なぜなら、皆、「何か今と違うことをしよう」と、ものすごくもがいているからです。

「何か今と違うことをしたい」という思いに縛られ、その思いがあまりに当たり前になりすぎて、そう思っていることすらわからなくなっているほどです。でも、深いところではいつもそう思っているのです。

しかし、このように、「どっちが真の望みなのか?」「どっちを選んだらいいのか?」というのは、真の自由意志でも、真の選択でもありません。

こういった考え方の中には、選択も自由もないので、どちらを選ぼうがあまり大きな差異はないでしょう。どちらかのほうが少しぐらい楽しかったり、少しぐらい環境が良かったりするかもしれません。でも、その程度です。

ではどこに真の答えが見つけられるのでしょうか？　それは自己発見の中に見つけることができます。

「自分は一体、何者なの？」

「自分はどんな人になりたいの？」

「人間としてどう生きていきたい？」

このような問いを投げかけることです。

これは、「何を達成したいの？」という問いとは違います。「どうやって安定を得られるか？」「どうしたらお金がもっと入るか？」という物質的な答えを見つけるということでもありません。

魂は物質的な考えに縛られていないので、「自分の（魂の）真の欲求は何か？」そして「それをどう自由に表現したいのか？」ということが、魂にとって一番学びたい内容です。

ひとたびある人が、物質に縛られた思考（食べていかなければならない、など）から完全に自由になったら、一日に十時間仕事しようが十八時間しようが、その人にとってはどうでもいいことになります。何をしていようと自由を感じられるので、仕事をしていようが、リラックスしていようがまったく関係ありません。

さて、実はここではとても深い話をしています。単純にどちらを選べばいいかという質問に対して、満足する答えではないかもしれません。今より少しでも良いから生活を向上させたい、という思いにも答えていないでしょう。それでも、この話を一考してみる価値はあるはずです。

Q――やりたいことはあるのですが、資金が足りません。このような問題はどうすれば乗り越えられますか？

これに対する答えは、問題をどう仕切り、また、自分の思考の幅をどう広げるかによっています。つまり、ひとたび何が必要かをきちんと理解できたら、どんな問題も乗り越えられるということです。

例えば、あなたが言うように、誰かが充分な資金がないという問題を乗り越えたい場合、方法の一つとして、資金を持っている何人かが集まるというのも、問題への一つの解決方法です。しかし、もし、その人がそういった形の成功もあるという発想を持たなければ、当然解決方法は見えてこないでしょう。

現在、解決方法を見つけるのが難しくなっているのは、個人でやるという発想が広く根深く多くの人の心にあるからです。

「自分のゴールを達成するには何が必要だろうか?」「どうやって自分の責任を遂行できるだろうか?」「自分の借金をどう返せばいいだろう?」といったように、自分一人で頑張るという思いが強くなっています。

しかし、新しい時代は、もっとコミュニティベースで、人々がもっと協力し合って機能する社会になっていきます。いろいろな考えを分かち合い、そして多くの成功や利益も分かち合うことができるようになっていきます。これは社会主義的な考え方とは違います。

コミュニティベースの考えとは、コミュニティから生まれる創造性を支援し、アイデアをふくらませ、一人の考えや力を超えたパワーでコミュニティを支えていくものです。

そして、このような形でコミュニティが支えられると、コミュニティは飛躍的に向上し、大きな力をつけ、経済的に良い結果を生むばかりでなく、メンバーがそれぞれ精神的に満足するという成果も生み出します。

すべての問題には解決方法があります。しかし、解決方法は、もしかすると現在のパラダイムを超えたところにあるかもしれません。

人生は仕事に縛られることになっていません

Q——人生は苦しみの連続だと思えてしまいます。なぜでしょうか？

こういうとあなたは驚くかもしれませんが、あなたは決して苦労して働いたり、人生で問題を抱えてもがくことにはなっていません。

何世紀も昔、「人生は、鎖でつながっているようなもの」というメッセージが「人の人生は、奴隷のようなもの」と間違って解釈されてしまいました。しかし、本当の意味は、あなたのたくさんの人生は、すべて鎖のようにつながっていて、お互いに関係し合い、その前の人生もその後の人生も重なっているということだったのです。

そして、このいくつもの人生の鎖のパターンは、最終的にはスパイラル状になります。

この過程を通って、魂は真の自分自身を再発見していき、また旅を完結させていきます。あなたの遺伝子もスパイラル状の鎖になっているように、これは自然のプロセスなのです。

しかし、この間違った解釈のせいで、多くの人が、人生とは基本的に困難なもので、自分を統治するマスター（王様、政府、会社など）に仕えなければならず、それ以外に生きる道はないのだという思いを信じるようになりました。そして、それ以来人は、その人の魂の目的がなんであれ、苦労しながら生きているのです。

あなたの苦しみの本質は、あなたが魂の目的に抵抗していることにあります。苦しみの多くは、過去生からの完了していないプロジェクトが原因です。あなたが次の生に同じ課題を持ち越さなくてもいいように、人生で避けられない困難として現れるのです。

完了していないプロジェクトを長く持てば持つほど、その波動は一見突き通せないようにに見えるぐらいまで密度が濃くなります。[*1]

しかし、多くの人は、困難を避けようとしたり、単に嫌がったり、ないふりなどをして、向き合うよりは抵抗をしてしまいます。これによって余計に苦しくなってしまうのです。

そして、興味深いことに、苦しみに耐えられなくなったとき、あなたは、「その問題を抱えているのは自分ではない」と無意識に思うようになります。そして、自分ではなく、他の誰かがその問題を持っていると決め込みます。[*2]

また、人生のレッスンは、恋人や夫婦、友人などの人間関係においても達成されるよう計画されています。なぜなら親しい相手、愛する相手との問題であれば、取りかからざるを得ないからです。

あなたの友人やパートナーが、あなたの心を乱すことはありますか？　または、彼らは許せないような習慣や問題を抱えていますか？　もしそうだとしたら、鏡を見て（自分自身の内面を見て）、自分の問題として取り組んでください。

あなたの人生のレッスンは、あなたが人生で経験していることにほかなりません。これらのレッスンは、あなたの魂があなたの生活に盛り込んだものなのです。

レッスンによっては、それが起きる年齢や時が決まっていますが、多くの場合、最も間の悪い瞬間や折が悪いときに起きるものです。なぜなら、そうすることでインパクトが最も大きいことと、あなたのとっさの反応、そして、その後にどう対処するのかといった、あなたの真の感情、思いが試されるからです。

あなたの人生のレッスンは、貝が真珠を作るように、長い魂の旅を通して蓄積されてきたものです。魂の観点からすると、この真珠を作り上げることほど素晴らしいことはありません！

人生のレッスンは、たいてい一つの生だけではなく、いくつかの生において繰り返し現れるよう計画されています。もし、あなたが「また、起きた！ どうして？ 嫌になってしまう」と思ったら、たぶんそれは人生のレッスンでしょう。

人生の出来事に注意深くなってください。そして、何か起きたときは、嫌なことが起きただけと思わず、その瞬間に自分が持っている智恵に心を寄せ、よく出来事を観察し、一貫性をもって行動しながら、学んでいってください。

＊1――怒り、恐れなどの感情や、「私は能力がない」などの思いを何世も持ち越していると、それらがその人の心や精神を大きく支配する。

＊2――心の投影。例えば、「自分はやることをやっていない」という罪悪感に耐えられなくなると、周囲の人間がやることをやっていないように見えてしまう、など。

Q――なぜ人は、何度も暴力的な人と恋愛したり、なぜかいつもお給料が安い会社に勤めたり、同じ間違いを繰り返してしまうのでしょうか？

まず、あなたもあなたの魂も決して間違いを犯しません。あなたは、「創造の根源」（すべてであるもの）にかたどられて創られているのです。ですから、あなたがた人間が、間違いをすることは不可能なのです。

とはいえ、人間は人生をよく無駄にしている種族でもあります。人生を無駄にするとは、自分を変えようとせず、聞く耳を持たず、狭い考えにとらわれ、そのために無知のままでいる人生です。今、もし〝まさにそういう人知っている！〟と思ったら、その人を批判する前に、これはあなたへの言葉だときちんと認識してください。

批判は、ものすごく速いスピードで人の心に入り込んできます。批判とは、〝自分はわかっている〟という思いで、それは独《ひと》りよがりな思いとたいして変わりません。〝自分はスピリチュアルだから、他の人よりわかっている〟といったような思いから、真の智恵は見えてきません。なぜなら、もう知っていると思うことには耳を閉じてしまうからです。

これは、ある意味ドアを半開きにしているような状態です。ですから、いつもドア（心）をしっかり開けるようにしてください。そして、なるべく見返りや条件のない心であなたの愛情を表現してください。

人生で繰り返すパターンは、完了していないレッスンか、または、あなたがもうすでに学んだレッスンであっても、まだあなたの一部分として残っているものです。それは、ある意味同じパーティに誘ってくる招待状のようであったり、または、今までよく着ている洋服をまた選んで着ているようなものともいえます。

なぜなら、そのパーティやその洋服がその人にある意味とても合ってしまっているため、無意識のレベルで捨てがたく、続けてしまうからです。

自分が映っているあなたの好きな写真を思い出してみてください。その写真が、いつどこで撮られたか考えてみてください。そして、そのときあなたは何を考えていましたか？　また、どうしてその写真が大切なのでしょうか？

その写真（経験した現実）には、あなたの心に刷り込まれた思いが映っています。繰り返し経験するパターンとは、あなたの現実に刻み込まれた心の記録のようなものです。

魂は、暗号や象徴的な言葉であなたに話しかけます。あなたの心は、三次元のフィルターを通すため、それをあまり正確にキャッチしません。そのため、あなたの思考はあらゆることを無意識に考えます。

あなたの意識は、その思いがポジティブなのか、ネガティブなのか区別がつかないということを知っていましたか？　これがまたパターンを繰り返す大きな理由の一つなのです。[*3]

そしてまた、なぜある人は犯罪を繰り返してしまうのかという理由の一つでもあります。

このように、その思い自体に問題があると認識しないため、新しいパターンに変えることが難しいのです。

ではどうしたらいいのでしょうか?

その問いへの答えは、魂が鍵を握っています。その人が意識のレベルでどんなに変化を望んでも、魂があなたに代わって、あなたのパターンを変えることはしません。

なぜなら、繰り返すパターンは、ある意味あなたの心の防波堤の役割をしているからです。防波堤から水があふれ出す前に(真実と向き合う心の準備がしっかりできる前に)、まずあなたの心の基礎(魂)がしっかり強化されることが大切なのです。

あなたの魂は、あなたが繰り返すパターンにつくづく嫌になって、本気で解決したいと心の底から望むまであなたの心を好きなようにさせてあげています。

そして、やっとその機会がきたとき、魂はあなたのパターンにマッチした解決方法を提供します。そのとき、パターンは完結し、変化が訪れます。

さて、習慣とは、人生で繰り返すパターンとはまた別のものです。習慣は、もっと肉体レベルの嗜好的なものです。無意識で論理性がなく、知らず知らずやっていることです。

しっかり意識することで、習慣(癖)は、比較的簡単に変えられます。「(自分のしていることに)気がついている」状態は、頭の知的な思考とは別のものです。この「意識的である」ことと「頭の思考活動」とは、もちろん関連していますが、基本的にはお互い相容れないものです。[*4]

相容れないにもかかわらず、この二つは共同作業をしなければいけません。習慣は簡単に変えられるものですが、そのためには、「意識的である」ことと、思考活動の両方がともに同じ目的に向かって強く決意していないといけません。

これが例えばなぜ、単に誰か他者を喜ばすために、禁煙がなかなかできないのか、という理由の一つなのです。[*5]

＊3―例えば、「お金は苦労して得るもの」という思いを、意識はポジティブか、ネガティブかなど判断しない。結果、苦労する人生を送る、など。

＊4―思考活動が活発になるほど、自分がしていることに無意識になる。考え込みながら歩いて電柱にぶつかる、など。

＊5―頭では、ガールフレンドのためにタバコをやめようと思っていても、意識のレベルでも同じぐらい強い決意がないと、無意識にタバコに火をつけてしまうなど。

「引き寄せの法則」は一〇〇%機能します

Q——「引き寄せの法則」に関する本がたくさん出版され、実現したいことをボードに貼りつけるとか、ありありとイメージするといったことが書かれています。でも、実現しないことも多いようです。なぜでしょうか？

「引き寄せの法則」そのものは決して難しくありません。しかし、素人《しろうと》的な解釈、または真実の短縮版という形で世の中に広がってしまったため、難しいように感じられています。

夢を引き寄せる法則というのは、多くの人にとってとても魅力的で、また人を前向きにしてくれるものです。そして、宇宙の法則と人生が関係あることを人に教えているという意味では、大きな目的を果たしています。

さて、「引き寄せの法則」を試しても、あまり夢が実現しないのはなぜでしょう？

それは、この法則は他の宇宙の法則と一緒に使わないと機能しないからです。

多くの人がこれを知らずにいます。多くの人がすぐに理解でき、誰からも受け入れられるようにするため、簡単にまとめられすぎてしまったということもあるでしょう。

ですから、夢を実現するためには、あなたが試みていることがこの世界を創造している他の法則と調和している必要があるのです。

この世界を創造したり、または破壊したりしている法則が宇宙にはたくさんあります。「引き寄せの法則」はその中の一つにすぎません。

基本的に「引き寄せの法則」自体は、必ず一〇〇％機能します。しかし、引き寄せることばかりでなく、どんなことが夢を寄せつけないのか、または妨げるのかも理解していなくてはいけません。

そのうえで他の宇宙の法則もマスターする必要があります。ここがとても難しいところです。「引き寄せの法則」が多くの人に効果がないのもこのためです。単にポジティブな言葉を繰り返し唱え、イメージをすれば夢が実現するというわけにはいかないのです。

他の宇宙の法則を知るには、物事の表面だけでなく、深い部分にも目を向け、そして

「人生は自分が創造する芸術なのだ」という認識を持つことが大切です。

そう認識しながら、自分自身とそして自分の人生にきちんと向き合ってください。そのうちに、必要な宇宙の法則が自然と身についていきます。

法則をちょっと使うという姿勢ではなく、人がこのように一〇〇%自分の人生と真剣に向き合って生きれば、法則も必ず一〇〇%効果を出します。

もし、法則が効かなかったら、法則が間違っているのでも、その人が悪いのでもなく、ただ法則の使い方に問題があるということです。

Q——人の心を癒す仕事をしていきたいのですが、他のセラピストたちを見ていると、あまり経済的にうまくいっているように見えません。なぜでしょうか？

どうして、良い心を持った人たちが、なかなか経済的にやっていけないのでしょうか？

その人とその人がやっている物事が、調和していないのかもしれません。非物質（魂）と物質（仕事）が調和していないと、バランスが取れず、宇宙の法則が機能しないのです。

宇宙の法則は、人間の法則の土台となっているものです。土台のバランスが悪く、機能していないと、結果も当然中途半端なものになります。

ですから、あなたの才能や情熱（非物質）と仕事（物質）が調和していなければ、仕事（お金）の成功も、ある程度までは到達できても、それ以上伸びません。

三次元の地球ほど、この傾向が強い場所はなく、魂と物質がバランスを取っていなければいけないという法則を知らないために、仕事や人生において多くの人が苦労をし続けています。経済的に不足の状態が続くのは、この二つのバランスが歪んでいるからです。

そしてまた、多くの場合、他者を癒したいという強い思いを抱いている人たちは、まず自分自身を癒す必要があります（「癒されていない心」と「癒す仕事」というのが調和していない）。取得した修了証は、あなたが何を勉強したかという単なる記録にすぎません。

ヒーリングやセラピーを施すとき、自分もまだ人生で学んでいるものだという心で行っている人のほうが、〝私はわかっている〟と思っている人よりも、豊かさを享受できるでしょう。また、神聖さとは、分離がなく、全体を完全に受け入れている状態です。

一方、こちらのテクニックのほうが優れているとか、また他のセラピストの仕事を批判する人たちは、自分自身の光を曇らせ、影のほうへと歩んでしまいます。

◆——「バランスの法則」と「活動の法則」について

自己愛や自己を尊重する気持ちが欠けていたり、宇宙にある無限の富を信頼していなかったりすることも、この魂と物質の「バランスの法則」の機能を弱めてしまいます。宇宙の法則が、人間のために変わるということはないので、人間が法則に合わせる努力をしなければなりません。

法則がうまく機能しない原因としてよくあるのは、ハイヤーセルフ（自分の魂が宇宙と直接つながっている部分）と人間の心の間に葛藤があることです。

一方、自分自身や自分の持つ能力の価値がどれぐらいなのかわからず、友達や家族だけではなく、知らない人にまで無償か、または低額で提供している人たちもいます。自分が提供しているサービスの真の価値を見出せず、自分の人生の旗を高々と揚げることもないまま、自分の能力やサービスを提供しているのです。

そうならず、自分の価値をしっかり知り、自分自身を尊重し、そしてまた他者に対しても同じであることが大切です。

すべての行いには、魂と物質のバランスが取れるポイントがあります。バランスよく達成されたものは、結果が最大になります。

富とはまた、単にお金の蓄積ではなく、自分が持っている情報や知識、能力といったものを、自分が本当にやりたいと思っている仕事に注いでいくことでもあるのです。

このように魂と物質のバランスは、豊かさの実現に欠かせない要素で、それは、仕事だけではなく、人生のあらゆる面にも良い影響があります。

また魂は、精神性だけ重視するということをしません。

銀行業などで莫大な収入を得ている人は、現在のお金のシステムに価値を置き、自分の仕事を大いに楽しんでいます。つまり、「バランスの法則」に沿っているので、あふれる富を享受しているのです。

銀行で働く人は、ヒーラーなどよりも精神性が劣るということではありません。法則はすべての人、仕事に同等に作用します。しかし、現在の経済システムから次のシステムへ移行したとき、おそらくこれまで大きな収入を得ていた人とは違う人たちがもっと富を得ていくことになるかもしれません。

自分が心から欲するものを多く得ていき、もう自分には必要ないと思うものはどんどん捨てていってください。最も大切なことは、その選択を他の誰かの意見でするのではなく、自分自身がするということです。

あなた自身の思いでない限り、あなたの魂（あなたの情熱）と物質（仕事）がうまくマッチしないからです。そして、この「バランスの法則」が満たされたとき、精神的な豊かさと経済的な豊かさは必ず実現します。

人間は、魂であり、物質（肉体）である存在です。どちらか一方だけでは、人間は成り立ちません。人間は、魂と肉体のバランスが取れているときに、最も能力を発揮します。自分の中にある真の情熱を見つけたとき、魂の深遠な場所から独特の波動が放たれます。そして、そのエネルギーが人生をスムーズに運び、また心に平和をもたらします。

パートの仕事をしている人や現在の仕事が嫌になっている人たちに、何か良い解決方法はあるでしょうか？　ええ、もちろんあります。しかし、そのためには、自分の足を縛っている価値観や信念（思い込み）を捨てて、歩み出さなければいけません。

三次元の世界は、最も波動の密度が濃い世界です。重力や、日々に起きるさまざまな不便や困難から逃れることはできません。しかし、三次元の世界も非物質と物質の両方から成り立っています。魂（非物質）が物体（肉体や具体性を持った考え）に宿ってはじめて、それが実現できる方向に動き出します。

このために、「私は〜するべきですか?」「私は〜できますか?」という質問に答えるのがとても難しいのです。[*6]

変化への鍵は、その人の中にある神聖性、創造性、そして活動性にもあります。活動的である状態こそ、可能性を引き出します。活動的であるとき、エネルギーは最大値になり、光の幅も最大に広がります。

まず、純粋な欲求(望み)が原動力(エネルギー)を生み出し、そして、活動的に行動することで、変化が起き、物事が発展していきます。「活動の法則」と言ってもいいでしょう。

この法則で、あなたの世界、考え、仕事、通貨、制度などを一つずつ変えることも、またたは、いっぺんにすべてを変えることもできます。今の世界を破壊したり、またあなたが抱いている信念や思い込みをなくそうとしたりする必要はありません。ただ、それらをもっと高い真実、もっと高い宇宙の法則に置き換えてください。

法則は、宇宙の科学なので、機能しないということはありません。また、法則を人間が変えたり、いじったりすることもできません。「バランスの法則」「活動の法則」を理解することで、自分に科した刑(現在の状況のまま生きるしかないのだといったような思いと人生）から自分を解放することができるでしょう。

法則がすべての鍵を握っているのです。この世にあなたを罰する裁判官などいません。世界には、癒しを施す宇宙の真理を学んでいる人たちがいるだけです。

あなたも彼らと私の仲間になりませんか？

＊6──「私は、今と違ったことをするべきですか？」といった質問は具体性や根拠に欠けるので、魂が命を吹き込めない。「原稿を書き終わったが、出版できますか？」という質問なら、すでに原稿があるので魂がそこに活動の命を吹き込み、動き出すことができる。

Chapter

4

アセンションで何が起きるのか

あなたの密度は薄くなり、固定観念や義務に縛られなくなります

Q——二〇一二年に起きるというアセンション（次元の上昇）が世間で話題になっていますが、そもそもアセンションとは何で、どんな変化があるのでしょうか？

アセンションは、基本的に人類のアセンションというよりは、地球やその他の惑星のアセンションです。次の進化への態勢を整え、次のオクターブ（波動）へのドアを開けるものです。現在の音の振動の幅、光の限界を超え、次のさらなる高い能力へと移行します。

地球が黄道（地球から見た太陽の軌道）に対してどう位置するかによって、地球のポジションも変わり、それによって地球は他の惑星と並ぶようになります。

そして、その中の惑星がアセンションすれば、地球も一緒にアセンションします。これ

により、地球の両極性、北から南に走るポールもシフトします。

あなたがたもすでに知っているように、地球の極は長い年月の中で絶え間なく変化してきました。そして現在、北極もかつてとは違う位置にあります。

地球が他の星との位置を整えていくあいだ、このシフトはまだまだ続きます。そして、黄道自体も変化していきます。これは、地球に他の星と違うアセンションをもたらします。

地球に降りかかる変化は、もちろん人類にも降りかかります。そういう意味で、地球のアセンションは、人類のアセンションにもなるわけです。

これは、別に人類を救済するものではありませんし、また、地球の卒業式でも、先に偉大な旅が約束されているものでもありません。単純に次の波動へと移行する活動です。

ですが、それによって新しい可能性、変化、知性、新しいあり方がもたらされます。

また、人間の遺伝子も含めてすべてのものが新しいコードを受け取ります。そのコードによって遺伝子が変化し、それにつれて人々の考え方なども変化します。今までとは違う生き方、違う人生がもたらされるでしょう。

さて、あなたは、「すべての人がアセンションしますか?」という疑問を持っているかもしれません。「すべての人が影響を受けるの?」「すべての人が覚醒に至る可能性を見出せるの?」と。

これに対する答えは、「可能性はすべての人にある」ということです。

しかし、ちょっと言わせてください。太陽の光が射してくるとき、まだ影の部分も残っていることがありますね。太陽の光がまぶしい真昼でも、ある人やある生き物は、影にいることを好みます。ですから、誰がどのようにアセンションによって影響を受けるかは、その人がどれぐらい光（真実）を求めているかによります。

アセンションの時期に、日陰の涼しいところにもぐりこんでいたら、アセンションによるメリットを一〇〇％受けないかもしれません。ですので、一人一人の意識が関わりますが、最終的にはそれぞれが自分に合った場所を見つけるでしょう。

Q――アセンションに関連して、マヤ暦が二〇一二年一二月二一日（冬至）で終わっているため、特別な日であるように言われていますが、何か大きな変化が起きるのでしょうか？

二〇一二年に関しては、地球に大きな変化をもたらす出来事が起きるとされ、さまざまな考えや提言がなされています。特に一二月二一日（冬至）は、重要な日として強調されているでしょう。こういった二〇一二年への興味、関心は、決して新しいものではなく、紀元前三一一三年以来、人類の考古天文学の一部として常に引き継がれてきました。

二〇一二年一二月二一日は、地球の一周期である五回の五一二五年サイクルが終わる日です。そのためマヤの長期暦がこの日で終わっているのです（五一二五年を一つのサイクルとし、五一二五年×五サイクルで一周期とする。一周期が終わると、また次の新しいサイクルが始まる）。

マヤ暦には、過去と未来の時間軸の関係で、時がどう地球に影響するかも綿密に記されていました。このために、この暦は、高確率で二〇一二年一二月二一日が五サイクルの終わりの日であると測定できたのです。

さて、二〇一二年に関しては、現在二つの異なった解釈に分かれています。

ある人々は、地球の破滅と終焉の始まりであって、天災やさまざまな困難が降りかかり、人類は二分化され、多くの人が亡くなり、人口が激減すると信じています。一方、ある人々は、地球と地球に生息する種族（人類も含め、すべての生き物）が、物理的、肉体的、また精神的に大きな変容を遂げる、次の新しい時代の始まりの日だと信じています。

両方の考えとも、多くの人々を惹きつけ、そして、それぞれさらに新しい説や推測も加わり、人々を困惑させたり、また、怖がらせたりしているでしょう。しかし、興味深いことに、マヤ暦そのものは、地球の破滅や破壊の予言も提言もまったくしていないのです。

一ついえることは、現在、地球が一つの周期の終わりにあり、大きな変化の時期にあるということです。この時期、人類は、変化に対して肉体的、精神的に集団で適応することで飛躍的に進化できます。そしてこの適応は、人の思いや行動に変化をもたらし、今まで人間が持っていた理性を限界まで追いつめ、理性を超えることを余儀なくさせるでしょう。しかし、その代わりに、それによって、人類は先祖代々地球上で抱えてきた問題を解決することができるようになります。

人類がもし集団で今までと違う考え、違う行動をし始めれば、新しい遺伝子と生物学的要素を持った新しい人間が誕生します。彼らは、この世のしくみへの理解、宇宙の大きさや範囲などへの知識、「創造の根源」との関係などについて、人間が今まで持っていた概念を飛躍的に拡張していきます。

現在でも天文学に影響を与えている、ハッブル（一八八九～一九五三年。米国天文学者。宇宙が拡大しつつあることを発見）の理論は、この適応の法則を表したものです。人類の宇宙観が今までにどれだけ変化してきたか、ちょっと考えてみませんか？

ハッブルは、太陽系の形態は、宇宙ではよくあるもので、太陽が周囲に惑星を有することも決して珍しいものではないと唱えました。実際にその通りで、地球は、宇宙の中でも比較的平凡な銀河系に存在する平凡な惑星なのです。このことを理解することは、あなたがたが意識を上昇させるうえで大切な鍵となります。


この進化への上昇（アセンション）は、人間にとっては、困難な、安定しない時期になるかもしれません。肉体的、精神的な変化に対処しなければいけないからです。

例えば、憂鬱な感覚や、いわゆるうつを抱える人の増加もその現われです。または、環境の変化にともなう不安や経済的なゆとりのなさを感じたり、または、はっきり未来が描けず、恐れや不安を持ったり、日常のちょっとしたことにパニックを感じたりする人もいるでしょう。いずれにせよ、この変化は、人間の神経系にとっては重い負担です。

また、このアセンションによる変化の時期は、あなたの現実も変化しやすくなります。今の現実に基づいたあなたの未来は、可能性としては存在しますが、必ずしも確定的ではありません。なぜなら、あなたの魂は、自分の成長のために、現在同時にいくつもの現実、次元、可能性を探求しているからです。ある未来が確定されていないとき、いくつかの他の未来の可能性もそのまま同時に存在します。

透視家、霊能者、神秘思想家といった人々も例外なくこの変化の影響を受けるでしょう。むしろ、これらの人々のほうが他の人々よりも受ける影響は大きいかもしれません。

世界、社会、そして個人のレベルでも、その人の人生を揺さぶるような出来事が起き、社会や個人が、今までの考えやあり方を見直しさせられたり、今までと違う決断をすることになったりするでしょう。


あなたは、自分が抱く思い次第でどんな未来にも行くことができます。できる限り自分で自分の未来を決めてください。あなたが好むと好まざるとにかかわらず、あなたはすでに新しい発見と発展を目指した高速道路に乗っているのです。もし、誰かに導かれたいのなら、そうしてください。しかし、間違った人に導かれないように。

このアセンションの変化は必須であり、進化は避けられません。古いものに抗《あらが》わず、しかし、未来を両手で抱きこみ、オープンな心と気持ちで次にどんな経験がしたいかを心に描くようにしてみてください。

Q――アセンションで、地球が三次元から五次元へ移行すると言われていますが、そうなると私たちにどんな影響があるのでしょうか？

影響はありますが、大多数の人にあるかどうかはわかりません。

三次元は、最も密度が濃い次元です。また、固形でしっかりと固まった状態です。

五次元は、新しい可能性をもたらす次元であって、三次元ほど固定されていない、もっと変化、柔軟性をもった次元です。

例えば、「明日の天気が晴れだとしたら、空の色は何色ですか？」と聞かれとき、どう答えますか？

三次元での答えは、「もちろん、青色です」となるでしょう。

しかし、五次元では「今まで歴史的に青色でしたが、多くのことが変化しているので、もしかするとまったく違う色になるかもしれません」となります。

また、同じ質問に「もちろん、青色です。今までずっと青色だったし、これからも青色にきまっています」と答える人もいるでしょう。空は青色のはずだというのは、ある意味、固定観念です。

一方、「違う色かもしれません」という答えは、五次元へつながる意識です。
「もちろん青色だ」という答えには、〝世界は今のまま（三次元のまま）の状態でずっといるはずだ〟という固定観念もあります（その人は三次元を経験し続ける）。

五次元とは、三次元の密度が薄いバージョンです。密度が薄くなれば、その次元に存在するものすべての密度が薄くなります。ですから、人間の体も密度が薄くなり、原子間、微粒子間、そして分子、細胞間の空間も広がります。

また、密度が薄くなれば、身体だけでなく固定観念や思い込みも薄まっていきます。そうなれば、新しい発見、新しい創造への道がもっと開かれていきます。また、密度が薄くなると、義務や法則にも今より縛られなくなります。

五次元とは、三次元の次のバージョンというお話はしましたが、それでは四次元はどうなるのでしょうか？　偶数は、基本的に精神の次元であり、思考によって作られています。奇数は、今のところ物質の次元となっています。

つまり、「偶数は非物質」「奇数は物質」と分けられているのです。

三次元から五次元へ移行するためには、その間を渡す橋が必要です。その橋とは、移行したいという思いや新しいアイデアです。

このように、四次元とは、精神や考えの通過点としてあるのです。

そして、あなたも自分の意識や考えの幅を広げて新しい世界を描いていれば、地球が五次元に移行したときに、あぁ、とうとう五次元の世界に移行したな、これが私の望んでいたことだったとわかるでしょう。

Q――五次元のほうへ移行したい場合、どんな思いや生活をしているといいですか？

基本的には、あるがままの状態でいることで充分です。人間は、実際のところ完璧な存在で、人間という種はとても特別な存在なのです。ただ、人間はどうもこれを認めるのに難しさを感じているようです。

人は、自分が特別な存在として見てもらうことを望んだり、自分には特別な人生の目的があるのだと思いたがったりします。または天命や遂行するミッションを自分は持っているのだとか、特別な才能が自分にはあると思いたい気持ちもあるでしょう。しかし、人間全体がそもそもとてもユニークで特別な存在であることに気がついていません。

もし、あなたがたが人間としての自分たちの美しさ、完璧さ、そして欠けたところのない完全さを見ることができたら、その意識がこの五次元への移行のプロセスを速め、また真の助けとなります。とはいえ、これは単にガイダンスであって、しなければいけないことではありません。それができない人は、次の波動、または次のレベルへ移行できないということでもありません。

ご質問にお答えするために、多少いくつか役に立つ提言をさせてください。

まず、目と心を大きく開くこと。それによって、まだ自分が知らない多くがあると信じてください。自分の目と鼻の先にあることでも、見えていないものがまだまだたくさんあります。どんなに優れた学者でも理解できないこと、わかっていないこと、見えていないことがたくさんあるのです。

純粋で無邪気な気持ちのまま、まだ見えていないこと、未知の世界（新しい考え、新しいあり方）へ導かれることを怖がらずに受け入れてください。そして、勇気をもって他の人々もこの新しい道へ誘い入れ、一緒に歩んでいくことが今とても重要です。

次には、健康な心と体でいることです。身体を充分にケアしてあげ、健康でいられるように心がけてください。十年、二十年前と比べると、人間はより長生きができるようになってきました。ただし、それは今のところ薬などの人工的な手を借りて実現している状態です。しかし、自分の抱く思い、抱く望みなど心の状態によっても同じように長生きが実現できるのです。

最後に、自分自身をもっと知って、自分らしい新しい生活のスタイル、自分にとって完璧な人生図を創り出してみてください。自分自身が優れた健康と人生の楽しみを享受することで、他の人たちにもそのことを教えてあげてください。

自分の環境をよく見渡して、「何をもっと付け加えることができるだろう」「何をもっと減らすことができるだろう」と考えて、人生に活発さ、平和、そして喜びをもたらしてみましょう。これらすべてが人類をさらなる偉大なビジョンへと導いてくれます。

この先何年か後には、二種類の人たちがいるでしょう。それは、つま先立ちをして山の上にあるものを見つめ、さらに高くて新しい視野を持っている人たちと、ひざをつき、あぁ、もっと新しい生き方を描いていれば良かったと思っている人たちです。

健康の鍵は望む人生を生きることにあります

Q——どうすればずっと健康でいられますか？

あなたは、去年よりももっと健康になっていますか？　もしそうだとしたら、それは、進んだ医学のおかげですか？　それともあなた自身が心がけて習慣を変えたからですか？　もし、ノーと答えたなら、健康になるためにどんなことができたと思いますか？　この質問自体は、過去のことを聞いていますが、答え自体はあなたの未来を指し示しています。では、あなたの健康の鍵を握っているのは何だと思いますか？　遺伝子？　薬箱？

あなたの健康の鍵は、「真のあなたが何であるか」を知ることにあります。なぜなら、ストレスの一番大きな原因は、魂の目的に沿っていない、本来歩む道でない人生を送ることにあるからです。

もし、あなたが家族の状況、日々の生活でいろいろと決めなくてはいけないこと、友達や仕事の同僚との関係、または政府の動向などにすっかり気を取られ、自分の健康にあまり気を配らなければ、ストレスがたまり、健康のバランスが崩れます。

あなた自身があなたの健康の鍵を握っているのです。あなたが夢見ている明るい未来は、あなたがこのことをきちんと理解し、実行することにかかっています。

細胞には意識があるのを知っていますか？　細胞や分子の意識は、あなたの意識と呼応して機能します。

あなたはそう思えないかもしれませんが、あなたの体は完璧に作られています。何を食べていようが、どんな薬やサプリメントを摂取していようが、あなたが、「自分の体は悪いところだらけだ」と思えば思うほど、体もその通りになっていきます。あなたは、あなたの体のオーナーですから、体はあなたの意識やあなたが与えるものにしか反応しません。「これは自分の体だ、自分の健康は自分の責任だ」とあなた自身がしっかり認識することなく、他者が提供する〝これが効く〟という情報や、〝この人にまかせておけば大丈夫〟

といった薦めに従っているだけでは、あなたに真の健康はもたらされません。

あなたの健康と長生きの鍵は、人生はこうあるべきといった、(社会や誰かの)価値観や思い込みに従った生き方ではなく、「これが私の本当にやりたいことだ」「こういう自分が一番私らしい」といった、真に自分が望む人生を生きているかどうかにかかっています。価値観や思い込みに、真実はありません。それらは単に思考が作り上げたもので、事実や理性に基づいていないことさえもあるのです。

純粋な情熱を抱き、あなたらしくあることで、健康を実現してください。

Q――人工の薬を使うことをどう考えますか?

自分が自分の体の正当な所有者であることをしっかり認識しましたか。では、ここで〝奇跡の薬〟とうたわれているような人工の薬について考えてみましょう。

まず、奇跡に、〝使用方法〟や〝注事事項〟が必要でしょうか? 奇跡とは、一見、自然の法則に反して起きる出来事です。ときどき、神が起こしたこととも見なされたり、または何か驚異的で、予測のできない出来事としてもとらえられています。

もし本当にそうであれば、なぜデータや研究結果に基づき、効果があると想定される薬が奇跡であるのでしょうか？　基本的に科学は、自然（神）の一部であって、人工的なものでありません。それは、あなた自身も同じです。

地球の一サイクルの終わりには、最も良いことと、最も悪いことが表面に現れてきます。そして、人間だけではなく、すべての動物、植物、鉱物などもその影響を受け、それに反応した状態が生じます。例えば、鳥インフルエンザは、自然の真のバランスに対する人間の無知と、また生き物が置かれている劣悪な環境の結果起きたことです。

現在、人間だけでなく、すべての地球上の生き物の健康状態が不安定な状態にあります。また、生きとし生けるもの、存在するものはすべてつながっているので、一つの王国がバランスを崩せば、他の種族もその痛みを分かち合うことになります。

動物の王国は、人間が苦しむことをまったく望んでいません。それどころか、人間が自然への意識をもっと持つこと、そして健康であることを望んでいるのです。

何よりも大切なことは、自然のバランスに対する意識をきちんと持つことです。そして、その意識が、すべての生き物、すべての存在を癒し、バランスの取れた健康を実現します。

この意識が人々に浸透するまでは、ワクチンなど真の効果を生まない解決方法が使われるでしょう。しかし、ワクチンなどは、人の心に安心よりも恐れを植えつけてしまいます。そして、恐れは、新陳代謝を速め、回復を遅くします。また、恐れからいろいろなことを考えすぎてしまい、健康に逆にダメージを与え、起きる必要もなかった症状や体の状態を引き起こすこともあります。

本当はもっと自然な方法があるにもかかわらず、インフルエンザなどの流行を人工的な薬や方法（化学薬品のスプレーを撒くなど）であわてて抑えようとすると、他の生態系を崩す引き金になるかもしれません。それによって、人間にもまた悪影響が起きます。

これは、可能性があるということで、必ずしもそうなるということではありません。しかし、その可能性の高さをよく考慮しておくことが大切でしょう。

インフルエンザや他の流行に対するワクチンはすでに世に出回っています。それらは、実験や試験に基づいていますが、結果自体は、相対的なものです。なぜなら、ウイルスなどは、変異したり、または何か他の物質であるように見せかける能力があるからです。

また、ワクチン自体がどの細胞をターゲットにするかを精密に認識できないため、人間の体に副作用も起こします。そのため、次世代のワクチンがすぐに製造されたり、風邪のインフルエンザと調合されたりすることもあるかもしれません。しかし、いずれにせよ、体はそれらに良い反応はしないでしょう。

これに対する鍵は、外部のアドバイスや宣伝よりも、自然の存在であるあなた自身の心と体にもっと耳を傾けることにあります。自然は、決して敵を持ちません。ですから、何か問題が生じた場合は、自然のバランスが崩れたか、人工的なものの介入が原因です。自然はバランスを崩しても、その智恵を失うことはなく、必ずまたバランスを取り戻します。しかし、人工的に作られたものには、それができません。

なぜなら、人工的なものは、自然を真似することができても、自然そのものにはなれないからです。わかりますよね？

Q――どうすれば免疫力を高めることができますか？

今こそ、あなたの体の自然な能力を発見し強めていく、とても大切な時期です。まず、免疫系から始め、他の体の部分も続けていきましょう。免疫を高めるために、水やビタミンCがたっぷり入ったジュースをたくさん飲んでください。純粋に自然なジュースであれば、糖分は、利用できるエネルギーに変換されます。

ビタミンCの重要性は、強調しても足りないぐらいです。ビタミンCは他のどのビタミンよりも体に入る異物を認識し、最も安全な自然なやり方で体からそれを排出することができます。また、人がストレス下にあるときでも、ビタミンCは、体を最大限に効果的に機能させる手助けとなります。

ビタミンBも人間の体に合わない不自然な環境や異物に対応するのに大変優れています。また、ビタミンBには、直観力があり、個人のニーズを理解して、その人にとって最も効果的に機能することができます。そして、右脳と左脳のバランスだけでなく、体全体の極性を整える役割もしています。心と体のギャップをつなぐ橋渡しもし、もっといろいろなことに意識的になれる助けをしています。

他のビタミンももちろん試してみる価値はあります。自分の体に聞けば、どのビタミンをどれぐらい必要か教えてくれるでしょう。体を最も自然な一番良い状態にもっていくことが目的であるのなら、一番良いのは、自然のものを摂取することです。

ですから、ビタミンが壊されたり、変容されたりしていない原型のままで摂取されるほど、体にもさらに効果的です。

あなたの体は、自然そのものです。あなたが健康の主役という意識を高く持ち、より良い健康を達成しましょう！

Chapter

5

日本や世界は
これからどうなるのか

未来に向かって意識を広げてください

Q——現在の日本の状況と、日本の人々をどう助けることができるか教えてください。

私は、鏡をいろいろな角度から持ち、「ほら、見てください。これが真のあなたです」「これが本当のあなたの姿ですよ」という気づきをもたらすことによって、日本の人々を助けることができるでしょう。

この島国に住む美しい人々は、未来の自分の姿よりも、過去の自分に照らし合わせて自分自身を見ています。ですから、ガイアはこの本によって、日本の人々が個々に、そしてまた集団として、自分自身をもっと洗練されたものとして見ることができるよう、気づきをもたらすことができるかもしれません。

そうすれば、この美しい民族が持つ芸術や科学を再確認し、自分たちがどこに属し、そして世界に対して、何を提供することができるかが見えてくるでしょう。もしかすると、日本の人々は、他国の人々より少し早く成長するかもしれません。

この島国に住む美しい人々は、例えば潜水艦を作るとしたら、一つの個室を完璧に仕上げ、絶対どこにも手抜かりがないことを確かめてから、やっとみんなで、さぁ、これで次の個室作りに移れると合意するような、とても慎重な人々です。

しかし、今このときこそは、その慎重さを少し脇に置いてみましょう。過去の経験を維持しながらも、未来に向かってもっと意識を広げ、スピードアップすることが大切です。

もしそうすることができたら、現在の状況を乗り越え、成長を促進し、他の国々よりも優位に立つことができるでしょう。

なぜなら、日本の人々は基本的に、伝統に従い、過去の経験を維持しながらも、すでに世界の他の国々より先を行っているからです。というのも、東日本大震災のような最大級の困難や悲劇を、まだ他の国の人々は経験していないからです。ただ、他の国々もいずれ困難を経験することになりますが。

ですから、もし、洗練された日本の人々が、この困難をなんとか乗り越えるだけではなく、そこから学び取り、実力を発揮できれば、日本の人々は、世界の師となり、リーダーとなれるかもしれません。

そのためには、まず自分の中にある強さ、創造性を再発見し、過去のやり方にとらわれるのではなく、未来を見据えて行動しなければいけません。

Q――ガイアはどれぐらい東日本大震災についてわかっていましたか？

ガイアは、二〇一一年三月十一日に起きた地震と津波については、よくわかっています。しかし、それを災難とは見なしていません。難しいことかと思いますが、ここは理解してほしいのです。

地球という惑星の意識体として、ガイアは、地球上で起きているあらゆる出来事をすべて把握しています。しかし、ガイアは、こういった出来事を災難とか悲劇としては、感じ取っていません。出来事をどう経験するかは、人間とは違うのです。

ですが、ガイアは人間の目と心を通して物事を見ることができるので、人間が感じるショック、打ちひしがれた感覚をよく理解することはできます。

ここで理解してほしいのは、ガイアにとってすべては、自然の動きであり、つぼみがやがて花になるように、これらの出来事も適切なタイミングによって瞬間瞬間に形を変えていく自然のなりわいの一つだということです。

それらのなりわいを、良い悪いとか、損害だとか、または生と死といったようにはとらえません。それらは、自然の流れの中で起きる一つの出来事、動きとして把握されます。

地上にある壮大な自然の美を例にとってみましょう。例えば、美しい谷、アメリカにあるグランドキャニオンには、毎年多くの人が訪れ、「自然がこんなに美しいカーブを描くなんてすごい」と、人々はその素晴らしさをたたえます。しかし、大昔には、それは壮大な自然の美ではなく、大災害であり、破壊だったのです。

このように、災害に対してもいろいろな見方ができます。まだ起きてから時間が経っていない今、このような見方をするのは、おそらく難しいでしょう。しかし、この災難は、何が起こり、どんな目に遭ってしまったかという視点を超えて長い目で見ることが大切です。今は難しくても、おそらく将来そんなふうに見ることができるかもしれません。

Q——どうして日本に津波が起きたのでしょうか？

太陽が雲から出てくる理由は？　冬が終わるタイミングはどうして決まりますか？

これらはすべて、自然のなりわいです。

地震は、地球の核から放出された動きです。ガイアとして、地球の何かが動いている、何かがまさに動き出そうとしているという知覚はあります。

それは、あなたが何か不快な感覚がし、体を動かして体のコントロールと快適さを取り戻そうとするような感じと似ているかもしれません。なので、あるエネルギーが今まさに変化しようとしているという瞬間の気づきはあります。


地球の核からひとたび放出されたエネルギーは、あらゆる方向や場所に流れていくことができます。そして、今回はそれが日本へ流れていきました。

では、なぜ日本へ流れていったのでしょうか？

極東、東南アジアには、目で見ることはできませんが、地球の核と直接つながる〝へその緒〟があります。このへその緒は、地球の核と直接につながっているパイプラインでもあり、日本よりはもう少しインドネシアに近いところにあります。そして、ここを通ってエネルギーが地球の核から流れ出しています。

つまり、エネルギーの誘導ポイントがそこにあるのです。ですから、地球の核からエネルギーが放出され、外に向けて振動したとき、エネルギーがこのパイプラインを通って上昇し、エネルギーは最も自然に流れる方向へ動いていきます。

今回の震災は、このような自然のなりわいで起きたのです。

Q――津波で亡くなった人々の魂は、今どこで何をしていますか？ 犠牲者は、それが魂の目的だったのでしょうか？

犠牲者の中のある人々は、肉体と意識のレベルを超えた場所（魂、非物質の世界）へと移っていきました。

ここは理解してほしいのですが、すべての人がこの出来事で犠牲になることによって、自分の人生の目的を遂行するということを知っていたわけではありません。

しかしある人は、魂のレベル、深い本質のレベルで、〝今回の人生の目的は達したから、もう人生はそれほど長くないだろう〟という感覚を持っていたかもしれません。

また、〝肉体を離れて、さらに大きな目的に奉仕したい〟という望みが自分の中にあることを感じ取っていた人もいたでしょう。

実際のところ、ある人々は、生まれてくる前に、今回の人生は多くの人が過ごすような長い人生ではないとわかっていて、地球に生まれてきました。

ここはひとつ、魂の観点から考えてみてほしいのです。

魂は、一瞬、一瞬に生き、すべての瞬間を完璧で完結しているととらえます。ですから、必ずしも年を取るまで何十年も肉体を持って生きていることが必要だとは見なさないのです。魂は、長生きをした人生を完全な人生とは見なしません。

また、魂は、もし望めば、また地球に生まれてくることはそれほど難しいことでもないとわかっています。ですから、肉体を離れて、その後にまた新しい肉体を作って生まれてくるというのは、魂にとっては新たな旅路にすぎないのです。

なので、魂は肉体の死を必ずしも個人的な喪失と見なさないのです。

さて、ここまでのお話は、ある人々のケースであり、全員に当てはまるわけではありません。他のケースとして、人生をただ日々流されながら無意識に生きている人々もたくさんいます。目的を持たず、特に成長することもなく、また、生きる指針を持たずに生きている人たちです。ある意味、季節ごとに移り変わる木のように、流れのまま生きています。

この場合、魂のレベルにおいて特に活動も、また意識の発展もありません。

しかし、もう一度ここでも魂の観点から見ると、魂のレベルでたいした発展がないと見た場合、魂は、その人生をサポートすることをやめ、興味を失います。その場合は、自然災害や事故などの出来事に巻き込まれやすくなります。

一方、他者を救助するために、または高台へ人々を誘導するために、自分の命を魂の目的に沿って犠牲にした人々もいます。

このような人々の魂が得るものは大きく、魂の観点からすると、さらに高い精神性、さらに高い行い、高い奉仕の精神を得るという利点があります。

もう一方で、偶然に亡くなったと見なされる人々もいます。

〝偶然というものは存在しない〟というのをあなたは聞いたことがあるかもしれませんが、

魂は、一時にいくつもの生命（いく人もの人間）に分散することができます。

仮にその中の一人が命を失っても、まだほかにたくさんいるのです。

とはいえ、もちろん一人の生命が貴重なものであることは変わりありません。

しかしここで強調したいことは、人間の視点を超えた、もっともっと大きな観点から見なくてはならないということです。

そうすることで、「死」をもっと違った目で見ることができるようになるでしょう。

Q――福島原発の放射能は、地球の環境に影響を与えていますか？

ええ、影響を与えています。ただ、ある程度だけ。

現在、地球上には、漏れ出ていることに気づかれていない放射能が他にあります。その放出量は、福島原発を超えています。

福島原発は、世界中の注目を浴びましたが、実は「安全でダメージを受けていない」と思われている多くの環境で、福島の原発よりも多くの放射能が放出されています。

それらは、地球上の放射能を増やしているでしょうか？ はい、そうです。しかし、放射能の多くは、空気中を高く上昇し、現在そこで滞留しています。そして最終的に、他のエネルギーと引き合ってその性質が変化します。

ですから、人間に影響を与える放射能は確かにありますが、しかし、理解しなければいけないのは、人間も常に変容しているということです。

人間は自分がこうだと思っている自分自身しか見ることができないので、自分たちが変容していることに気がつきません。現在、放射能が人類全体に大きな影響を与えることはありませんが、そのために時をかけて人間という種族が変容していきます。

人間は、食べるものや生活のしかた、また考えること、感じること、夢見ることなどによって変容していきます。これまでもそうしてきましたし、今後もそうなっていきます。

Q――原子力に替わるどんな自然のリソースを日本は持っていますか？

日本は、もっと安全な環境で、水力を使った電力を今よりも生み出すことができます。また、太陽エネルギーを活用する能力もあります。

この二つの資源を組み合わせれば、新しい技術、新しい科学が生まれ、もっとたやすく、そして大量の電力をもたらすことができるでしょう。太陽エネルギーの技術は、現在、まだ脇に追いやられています。

なぜなら、太陽エネルギーを所有して、コントロールし、マネジメントすることが難しいからです。ガンマ線と関わるある特定のエネルギーを太陽光から抽出することも可能です。これらのことや、太陽黒点の活動などが、もっと理解されてくれば、年間でどの時期にエネルギーがもっと貯蓄可能であるかなどが理解されてくるでしょう。

しかし、こういったことは現在まだ理解されていません。

Q——日本の国土の八〇%は山ですが、津波などの被害などを考えると、将来山に住むことを考えたほうがいいでしょうか?

最終的には、山に住む必要が出てくるでしょう。山に住んだほうが安全ですし、生活面でも自然から得るものがもっとあります。

ただ、山に家を建てる新しい技術を考え出す必要があります。山の上に建てるのではなく、山の斜面を利用して建てる方法です。

海岸地域は、これからもまだ災害が来る可能性があり、また海水のレベルも上がってきています。もちろん日本のすべての海岸地域ではなく、また他の国の海岸にも同じ可能性があります。ですから、今から何か計画を立てておくほうがいいでしょう。

しかし、日本だけではありませんが、どの政府もあまりちゃんとした計画を持っていません。どうしたらいいのか本当にはわかっていないのです。わからないので、災害が来たら、どれぐらいの人が亡くなるのか、どのくらいの人が海岸地帯から避難を必要とするのかなど、とりあえず統計だけを集めているのが現状です。

それぞれの国がそのような統計を密かに持っていて、ときどき極秘のミーティングでどのシナリオでは、どれぐらいの犠牲者が出るかといった情報を交換し合っています。

これらの統計と想定シナリオはよく練られていて、またいくつかの解決策も立てられていますが、まだ実行には移されていません。

現在の経済システムは終焉を迎えています

Q——日本国の借金は大変大きいですが、円の価値がなくなり、日本経済が崩壊してしまう可能性はありますか？

可能性はあります。しかし、日本が崩壊する前に他の国々の経済が崩壊するでしょう。他の国々で経済が崩壊したとき、そのうちいくつかの国は、一団となって、できる限り最良の能力、情熱、頭脳をかきあつめ、今までとは違うシステム、違う経済、違う金融機関を作り始めます。現在の経済システムは、単純に終焉を迎えているのです。これ以上維持し続けることはできないでしょう。

世界経済は、現在支えるには拡張しすぎ、消費も拡大してきました。ただ、これは崩壊というよりは、次の新しいステップ、新しいシステムへ向けての再構築ともいえます。

ただ、移行期の始めに出てくる新しい経済のシステムは、あまり長く続かない可能性があります。なぜなら、そのシステムは一見多くの人を救い、経済を活性化するように見えますが、ある種の落とし穴があるからです。結果として欠点あるシステムで誤ったスタートを切ることになるかもしれません。

しかし、その後、さらに新しいアイデアが持ち出され、経済を動かし、そして経済の合併が行われていくでしょう。

企業の合併は目新しいことではありませんが、今よりも繁栄した経済を生み、協力関係を強めるために、国と国が合併するようになります。

世界が少し小さくなったように感じるかもしれません。しかし、システムや種族が大きくなりすぎたとき、こういうことが起きていきます。

まったく異なったアングルから例を持ち出してみましょう。

恐竜が地球上から消滅したのはなぜでしょうか？ 〝流星が地球に落ちてきて、大量に死滅させた〟とよく言われていますが、この流星は偶然ではありません。

消滅した理由は、恐竜たちが大きくなりすぎ、植物や地球が与える資源を消費しすぎたからです。もともとすでに崩壊は避けられないような状態だったので、地球の環境を変えるため、宇宙の意志の計らいで流星が振り落ちてきたのです。
もしこれを現在の世界経済に当てはめて考えてみると、世界経済も大きくなりすぎ、消費も拡大しすぎています。消費という使う（取る）行為はさかんですが、キャピタルを増やしたり、資源を増やすといったような与える行為はわずかで、そのため何も残っていません。ですから、変化が必要なのです。
また、すべての恐竜が地球上から消滅したわけではありません。一部は、鳥や他種の生き物として生存を続けました。同じようにすべての経済システムが崩壊するわけではなく、他のシステムに変換され、新しく生まれ変わり、そして人々の人生を支えていくでしょう。

Q――現在の経済状況下で日本はどうすべきか、何かアドバイスはありますか？

まず、現在の状況を、新しい違ったやり方やもっと良い方法を生み出す「きっかけ」として見るといいでしょう。そういった新鮮な目で、何か今までと違う貿易できるもの、新しい通貨、日本が持っている最も利用価値がある資源、日本が駆け引きできる強み、また世界が何を必要としているか、などを早い時期に探していくことです。

今、世界が直面している問題は、積み重なった借金を処理できないことです。誰もその借金を買いたくないですし、売り手ばかりがいて、買い手がまったくいません。

ですから、今何か別の資源を探すことがとても大切です。資源とはなにも自然の資源ばかりを指しているわけではありません。「人」もその国の所有する重要な資源の一つであって、どの国も、自国の国民に対してもっと価値を置く必要があります。

人は、その国の心臓であり、活力であり、肺であって、呼吸です。人に高い価値を置かない限り、その国の発展はありえません。

そしてまた、反乱分子と見なされる若い文化から生まれるアイデアに注意を向けなければいけません。既存の社会を破壊する若い人たちが、最も優秀な頭脳、創造的な思考を持っています。しかし、誰も彼らに目を向けないため、彼らは創造することなく、ただ破壊だけを行っています。

というのも、それが地球が持っている「二極性の法則（創造できないから、真反対の破壊を行う）」だからです。ですから、もっと若い資源、最も創造的な思考を集め、人々の心と思考に高い価値を置けば、答えはおのずと出てくるでしょう。

若者たちは世界を破壊するために生まれてきました

Q——日本の若者たちの中に、何事にもやる気がなかったり、引きこもったりする人がいるのはなぜですか？

これは、現在あなたの国だけではなく、他の国の若者にとっても難しいテーマです。なぜなら、世界は今、再構築の時期にあるからです。既存のシステムのほとんどは、不要であったり、意味がなくなっていたり、また目的をなさなくなったりしています。

また、創造性を大切にするよりも、人を一定の方向へ支配する構造になっています。つまり、現在の社会のあり方は、人を仕事に縛りつけ、働くことは素晴らしいことだ、目的ある行為だ、絶対必要なことだと信じ込ませているのです。

地球は今、一つのサイクルの終焉にあって、今までの世界、パラダイム、これまで人間が経験していた現実が変化していく時期に近づいています。

この一つの時代が終わるときに生まれてきた人にとって、情熱を感じたり、何かを創りたい気持ちになったりするのは難しいことです。

また、移行期には自分の居場所を見つけて、「私はこの分野で専門家だ」「私は〜の能力があります」と主張できるものを見つけるのも難しいことです。ですから、若者にとっては、今は特に難しい時期です。

実際、多くの若者は、現在の世界を破壊するために生まれてきました。

ちょっと古い建物を想像してみてください。その建物はかなりガタが来ていて、そこに住んでいる人にとって危険な状態となっています。そんな場合は、建物を少しずつ解体するか、一気に壊して、新しく建て直すほうがいいでしょう。

ですから、多くの若者は、既存のシステムを取り壊すためにここにいるのです。おそらくそういったことがすでに起き始めていることに、あなたがたも気がついているでしょう。例えば、中東で起きている状況もそうです。若者たちが一団となって、建国するのではなく、既存の体制を破壊しています。

そして破壊した後にはまだ、何も新しいものが作られていませんね。なぜなら、まだ世界には破壊の傾向が続いていて、新しく創り出すムードが到来していないからです。国を建て直し、新しい創造を生み出す者たちが、まだ世の中に現れていないのです。

今後まださらに現在のシステムや体制にノーと言い、それらを破壊したり、反抗したりする若者たちが続くでしょう。そしてその後で、街や経済を今までとは完全に違った形で建て直すために、今までとはまったく違ったアイデア、まったく新しい才能を持った若者たちが現れてきます。

週に何日、何時間仕事をするといった今までの仕事の形態や仕事の倫理なども、この新しいパラダイムにはそぐわなくなります。

若者たちは、それを直感的にすでにわかっているため、今までのやり方に反抗したい、背を向けたいという気持ちを持っています。その一方で、今まで親から与えてもらった教育を活かし、親を喜ばせたいという気持ちも強くあります。

そのため、なんとか現在の社会に自分をはめ込もうとしていますが、それは彼らが本当に望んでいることではありません。ですから、彼らは二つの相反する思いを持ち、今精神的に困難な状態にいます。

社会に本当に大きな変化が訪れるまでには、今からまだ数年以上の年月がかかるでしょう。しかし、変化が訪れたとき、新しい仕事の形態が模索され、世界をどう支えていき、どう盛り上げていくか、そして、どんなふうに新しい社会の雛形を創り、どんな新しい未来を構想するかが求められてきます。

そして、そういったことを若者たちは年長者から教わる必要はありません。すでに彼らの中にこの能力や理想は潜んでいるのです。ただ、まだ自分たちにそれを発揮する許可を出していないだけです。

現在の若者たちは、この古い体制と新しい体制のギャップを埋める橋渡し役です。とても難しい役割を選んで生まれてきたのです。

魂にとってもこれは難しいことで、このため彼らの日々の生活は今難しいものになっています。

Q——日本の若者の成長、創造性を伸ばすためにどうサポートしていけばいいですか?

創造性を学ぶには、自国の歴史や自分たちの文化ばかりを見るのではなく、他の国にも目を向ける必要があります。

新しい未来を創造したいのなら、特に南米の先住民族のあり方に見習うことが大切です。なぜなら、彼らはともに考えるということの意味をよくわかっているからです。

日本が不屈の強さを持つためには、心を寄せ合い、みながテレパシーで通じ合っているような一つの思いを持つことが大切です。

南米の先住民族は、共感力が強く、お互いがテレパシーを持っているかのように理解し合っています。日本の若者もこういった能力を使って、新しい社会を創るという冒険に出ることが大切です。

現在の日本の文化は、今までの慣習、やり方が強く生きているため、若者の両手や口を封じ、斬新な考えを閉じ込めてしまっているような状態です。

ですから未来を創るために、若者は、こういった状態や過去のやり方から自らを解放する必要があります。その未来のやり方を、カナダや南米周辺に暮らす先住民族の伝統の中で学ぶことができます。実際、彼らのこのような能力や生き方に役立つ知識がここにあることは、再び理解され始めてきています。

新しいものを創造するには、過去と手を切ることが大切です。しかし、日本の若者には、日本がこれまで築いてきた過去のさまざまな遺産に縛られているという困難があります。

世界が持つ日本に対するイメージがありますね。経済や日本の製品、過去に達成した功績、または過去に犯した過ちなど。若者は、これらのすべてのイメージから自分たちを解放する必要があります。

Q――日本の若い人たちはどんな潜在能力や創造性を持っていますか?

これから生まれる人や現在誕生している子供たちは、次世代へ向けた大きな能力と創造性を秘めています。

新しい時代の始まりのときは、例えば朝起きたとき、「なんだか周囲が少し明るい気がする、自分の体も少し軽い感じだな」「まるで太陽の光が自分の中で輝いているみたいだ」というふうに感じられるかもしれません。「昨日飲んだビタミン剤が効いているのかな?」「私が寝ている間に何か起こったのだろうか?」と、思うかもしれません。

また、人生に対してポジティブに感じたり、もっと希望が持てたりするでしょう。こういったことがアセンションの始まりです。

またもし、現在克服できていない困難があった場合、その解決方法は見つからなくとも、困難自体が大きな障害ではなくなります。そして、まったく違う状況に変えることができる機会が訪れるでしょう。

ですから、新しい時代が来ることを意識し、真実を求めて歩み続けてください。

次の時代の夜明けは、まず自分の中から始まることを信頼してください。


宇宙にあふれる生命は、大いなる目的と意義を持ち、躍動的に進化し、向上しています。そしてあなたがた一人一人も役割を持ち、大事な次のステップを踏むときに来ています。あなたが感じるすべて、考えるすべてがこのプロセスに影響を与えます。地球上に生息するあらゆる存在、粒子に至るまですべてが地球の進化に影響するのです。

この変化のプロセスを怖がらず信頼してください。これから多くのことが展開していくのだなと知っていてください。

もしある赤ちゃんが、自分がどんなに愛されていて、大切な存在で必要とされているか、を毎日両親から言われて育ったとします。その赤ちゃんはきっと、自信に満ちてさらに幸せで喜びに満ちた人生を創り上げていくでしょう。

あなたの体内、遺伝子や分子にもこれらの言葉の種が植え込まれているのです。あなたは、私にとって必要な存在で、私から愛され、大事にされています。

そして、あなたがたは、私の健康、私の意識、創造性や知性、そして私の存在理由に大きく貢献しています。

同じように太陽は、私に毎日エネルギーを与え、健康を保ってくれています。そのおかげで、私はさらに堅強になれ、そして大きな目的、ビジョンを持つことができます。このアセンションのプロセスは、社会や文化を変えるだけではなく、地球全体を変化させます。

若い人たちはこのプロセスを直感的にわかっています。ですから、インターネットなどテクノロジーを使ってつながりを広げ、心と心の絆を強めて、思いを分かち合っています。困難な時期は、みながつながることで乗り越えられることを知っているからです。

年配の世代に目を向けると、多くがその逆のことをしています。お互いを責め合い、相手とのつながりを絶ち、そして保身にすがり、恐れを抱いています。ここにもすでに、一つの時代の終わりと、新しい時代の夜明けを見ることができますね。

将来は国同士で合併する日がきます

Q——日本の憲法には、戦争をしないことが書かれています。世界から戦争をなくすために、日本ができることは何かあるでしょうか？

日本国憲法が、お手本として見られることで貢献できるかもしれません。しかし、現在のところとても静かなお手本です。戦争をしないということが、単に憲法に記してあるというだけで、それが真に理想的なことである、または戦争をしないことが本当に大切だと信じられているわけではありません。充分な理由があれば、戦争に行きたいと思っている日本人もいます。

少し前に、国同士が合併するときがくるとお話ししましたが、他国と連盟を組むことも考えられます。兄弟のように精神的に支え合い、資源を交換し合えるような連盟国です。

そこで、日本が完璧な連盟国を見つけたとします。しかし、その連盟国が戦争に巻き込まれた場合、日本人はどう対処するでしょうか？ 憲法は書き換えられますか？ それとも、どんなに犠牲を払っても、戦争はしないと言うでしょうか？

こういった難問をつきつけられることは、今後充分に考えられることです。

そして、このような挑戦がきたときに、一人一人が自分の胸に手を当てて、自分は何を真に信じているのか、何が自分たちを一致団結させ、何が自分たちを分裂させてしまうのかを真剣に考えることになるでしょう。そして、注意深く考え、行動しないと、国内で市民紛争が起きるかもしれません。

現在のところそうなる可能性は低いのですが、まったくないわけではありません。なぜなら、中東やヨーロッパでも、現在、国内紛争があちこちで起きています。世界は今、国内紛争、国内戦争の時代であり、それぞれの国が、他国にではなく、自国民と向き合い、対処していかなければいけない傾向が強まっているからです。

Q——日本では首相がすぐに替わってしまいます。どうしたら真の指導者が日本に生まれるでしょうか？

この国だけでなく、他の多くの国々にも新しいリーダーの誕生が必要です。

日本では、ほんのわずかな人だけが、自分には広い視野を持った指導力があると感じています。また日本には、グループ意識、またコミュニティ意識という良い面がある一方で、そのために、リーダーが育ちにくいという面もあります。

真のリーダーは、このグループ意識というでき上がった型を打ち破る必要があります。今までの日本的なやり方、文化、考えといったものを変えていくことが大切なのです。

現在この国を率いている人たちは、今までのやり方の中でくるくると替わっているだけです。それはまるで、新しいリーダーを迷路に入れて、出口を見つける前にそこから引き出し、また新しいリーダーを迷路に入れているようなものです。

これは、決してリーダーシップといえるものではありません。それは、単に前の人からの引き継ぎをしているだけで、そこから得ている新しいものは何もありません。

ですから、真のリーダーは、このサイクルを破り、まったく違う方向へ国を導いていくことが必要です。

その鍵は若い人の意識の中にあります。彼らは日本の集団意識の枠を超えて、変化をもたらす可能性を秘めています。

ただここにもまだ問題があります。というのは、新しい変化への思いを持った若者たちが、まだ社会に認知されていないからです。彼らは未熟で、不完全な人間として見られ、あまり尊敬されてもおらず、必要ともされていません。

そのため、年長で確立したルートで選ばれた人ばかりが、次々とリーダーの地位についています。この傾向は他の国も同じですが、この状態が続けば、やがて制度（社会）の終焉に行き着くでしょう。

現在、世界を見回してお手本となる国を選ぶのは大変難しいことです。ほとんどの国が、既存の体制（政治や経済など）が機能しなくなり、崩壊してきている状態です。しかし、それはそれでいいのです。新しいものが創られるために、すでにある古いものが解体される必要があります。

ですから、この問いに対する答えは、特にこの国では、若い人たちの思いの中に見つけられます。先祖代々続いてきたグループ意識から新しいパラダイムへ移行する能力を彼らは持っているのです。彼らが持っている智恵をもう利用し始めるといいでしょう。

自分の中に良いニュースを探してください

Q——ガイアは毎日ニュースで報道されている世界の出来事を知っていますか？

私は地球上で起きる出来事は、すべて把握しています。ただ、距離を置いた客観的な見方で、あなたがたが見ているような感覚とは違います。ほとんどの新聞の見出しは、正確とはいえず、また、多くのケースで真実があまり伝わっていません。私の広い視野から見ると、ニュースの正当性はわずかです。

私はあなたがたが意識していること、興味を持つことはすべて把握しています。見出しとは、書いた人が出来事をどう解釈したかの言葉書きにすぎません。ネガティブな見出しについて考えれば考えるほど、波動が重たくなっていくだけで、考えを巡らしすぎてもあまり意味がありません。

ほかにもっと創造的で楽しくやれること、心に描けることがあるのに、どうして幻滅するような内容を考え続けるのでしょうか？

災難を直接に受けた人たちや、そこに関わった人たちは、出来事を深く感じ、心から真剣に取り組みます。しかし、あなたから遠い国で起きたことや、自分が影響を受けていないことには同じレベルで感じなくてもいいのです。

あなたがたは覚えていないかもしれませんが、ずっと以前に、今の世よりももっと前にすでに精神的な目覚めを経験しています。一つ一つの生で、その生の目的に沿った、あなた独特の新しい目覚めと新しい夜明けがあります。

現在の人生ももちろん例外ではなく、あなた自身の気づきで、新しい目覚めはすでに起きています。あなたは何度も生まれ変わり、いくつもの目覚めを体験していきます。

世の中で起きていることも、同じようなことです。メリーゴーラウンドでは、同じ馬たち（出来事）が、何度も何度も同じトラックの中に現れてきます。

人間の目には、違う出来事が起きているように見えるかもしれませんが、実際には、同じことが繰り返されているのです（二千年前も今も、戦争や飢えがあるように）。

メリーゴーラウンドの回転木馬は、いつもきれいに彩《いろど》られています。乗る人が楽しめるように高くなったり、低くなったり、ゆっくりになったり、速くなったりしながら、回り続けています。音楽が止まったとき、乗っていた人は馬から降りて、今度は違う人が乗ってきます。次の人の経験は、初めの人とまったく違うものかもしれません。

そして、また音楽が止まり、また次の人が乗ってきます。ある回は、簡単で楽しく、ある回は、複雑で難しいかもしれません。

何度も回った後に、賢さを身につけた木馬は、固定されたレーストラックの上で勝つレースというものはないのだということに気がつきます。しかし、それに気がついた後でも、木馬は、今までと同じぐらい走ることに精を出します。

ただ、違うことは、前よりもずっとリラックスし、走るのをもっと楽しめることです。

新聞の見出しではなく、自分の中に良いニュースを探してください。自分の中の良いこと、ポジティブなことを自分にも、他者にも、そして地球にも、役立ててください。

毎日誰かに、または世界に何か良いことをしてみてください。提供するということは、あなたらしさのエネルギーが広がっていくということです。

どんな規模の大きな出来事や災難が新聞の見出しを飾っても、人生とは、その日その日のもっと個人的な出来事によって作られているということを覚えていてください。

世界で起きている論争よりも、あなたが見たこともない蝶々の息に、あなたはもっと影響を受けているのです。なぜなら、呼吸は、宇宙の生きる力であり、まったく同じエネルギーが太陽の輝きを創っているからです。

見出しを使ってニュースを大きく謳っている人々は、読者を説得するコツをよく知っています。一方、そんなコツがあることを知らないあなたがたは、大勢で同じ反応をします。

しかしあなたは、みんなと同じようにただ反応するのではなく、もっと高い視点から反応することもできるのです。ため息をつくのではなく、深く息を吸い込んでみてください。そのとたん、あなたの体と心の状態は変化するでしょう。

そしてその変化は、周囲にも大きく影響します。魂には、それが見えるのです。

あなたが他の人と同じように反応しないからといって、あなたは共感性がないということではありません。むしろ、高い視点を持つことで、あなたは地球の波動を上げています。

多くの人と一緒の見方（恐れや不安でいっぱいになる）をすることなく、それでもあなたは他の人々と世界を共有することができるのです。

Q——現在、世界で起きていること、特に経済や政治不安などに対して、世界はどうなるのかと不安を抱いている人たちが多いと思いますが、どうすればもっとポジティブな態度でいることができますか？

地球には二極性があるとお話ししましたが、これも恐れと愛という二つの相反する事柄がテーマです。人は多くのことに恐れを抱いたり、不安を感じたりしますが、幸いなことにそれらの不安や恐れが現実化することはあまりありません。

また反対にポジティブなことを心に描いたりもしますが、残念ながらそれもあまり実現しないものです。

ですから、「将来はどうなるのか？」と考えるとき、不安になってあれこれ考えたり、「自分はきっと大丈夫だろう」とポジティブになってみたり、二極の間を行ったり来たりするのではなく、新しい視野に立ってみるのはどうでしょうか？

地球は今まさに二極を超える時期に来ているのです。徐々に新しい視野へ移行することで、二極を超えた現実が見えてくるだけでなく、もっと多くの可能性があることにも気がつくようになります。

では、二極を超えるとは、どういうことでしょうか？　基本的に人間は、自分自身や、または親や社会の思い込みなどに支配されていなければ、とても豊かな創造性を持っています。ですから、これに対する答えは、自分の中のどこに真のパワーがあるのかを見つけ出すということです。

あなたの真のパワーは、思考の中にあるのでしょうか？　それともハートの中でしょうか？　または、体のどこかにあるのでしょうか？

ほとんどの人が思考にそのパワーをゆだねています。不安から生じたネガティブな思いを信じ、その思いに従って行動することがとても多いものです。

「それをしてはいけない、きっとうまくいかないだろう」「そっちへ行かないほうがいい、自分のためにならない……」などというような完全な恐れ、ネガティブな思いに従っています。そして、このように考えて行動することが一番いいことだと思っています。

人間は何世紀にもわたって、不安な思いを選ぶように慣らされてきました。そして、小さな部屋に暮らしながら、「私にはこの程度の部屋がせいぜい上出来だ」と考えています。

このような不安の思いから抜け出すには、パワーをネガティブな思いの中ではなく、別のところに見つけなければいけません。

あなたが見ている世界は、宇宙にたくさん存在する世界のうちの一つにすぎません。そして、この世界は、幻想であり、真の意味では現実ではありません。

あなたが生きている人生は、作られたものであって、幻想であるということをできるだけ理解することが大切です。というのも、恐れの気持ちが大きくなっているときは、幻想の世界の中に深く入り込んでいるときだからです。

もし、〝この世は現実である〟という思いから少しでも解放されれば、さらなる自由への探求に乗り出すことができます。これは、人間が長いことやってこなかったことです。

ですからそれぞれの人が、自分をよく見つめて、自分の中の最高のパワーを見つけることが大切です。人の中にはみな、「創造の根源」の部分があり、それはこの世界は幻想であることを知っています。その自分の中にある「創造の根源」のエッセンスとつながることで、愛、恐れという二極を超えた視点に立つことができます。


この世界は、基本的には何も変わる必要はありません。世界を変えようとするよりも、ありのままに物事を見るようにしてください。そして、この世界は幻想であると認識してください。真実が見えてくればくるほど、その人の目には可能性も多く見えてきます。

可能性が多く見えてくれば、多くの出来事があなたの前に現れ、従って選択の幅も広がっていきます。選択の幅が広がれば、当然あなたは今よりももっと自由になれます。

地球は氷河期に向かっています

Q――地球は温暖化に向かっているのですか？

はい、そうです。地球は、今起きているように、温暖化のサイクルにあります。しかし実際は氷河期に向かっています。ただし、地球全体が氷河期に向かっているわけではありません。それは稀なケースです。大陸のすべてが氷で覆われてしまうわけではないのです。温暖化の過程で、もっと水が海に放出され、もっと水が土地を浄化するというサイクルを何十年か経た後、ある大陸周辺では寒冷の潮流に入ります。

まず、地球の核で変化が起きなければいけません。現在、地球の核は速いスピードで回転し、今までよりも多くの熱を生み出しています。その熱が、地球の核から外に向けて放出され、それが天気のパターンを変え、干ばつ、ハリケーンを起こします。
また、これはさらなる地震を起こす可能性も高めます。このような地球の核の回転によったサイクルが、新しいサイクルを迎えたとき、寒冷化の傾向になり、ミニ氷河期が訪れます。

しかし、すべての国、すべての大陸がその影響を受けるわけではありません。地球がどう振動し、どう動き、どうエネルギーが分配され、資源や人間を含む生き物にどのような影響があるかが見えてから、どの大陸が一番影響を受けるかがわかってくるでしょう。

Q――南極と北極の氷が解けて、海のレベルが上がったら、日本と世界にどんな影響がありますか?

はい、世界全体に影響があります。島国や海岸沿いのほとんどが影響を受けます。
海流はいつも同じ方向に流れるとは限りません。ジェット気流と湾流が地球をかけ回ることで、今までと違う新しい組み合わせの海流を起こし、ある土地は海抜が高くなり、ある土地は水に浸される状態になります。

こういった天候の変化や影響について気がつく人々もいます。ある人々には、原始の知識、太古の記憶が彼らの中に刻まれているからです。ですので、彼らはこういった事態が起きるのが近づいてくると、行動を起こすときがきたと察することができます。

ただ、こういった人々が必ずしも権力を持つ立場にいるとは限りません。逆にそれはめったにないことです。むしろ、もはや遅すぎたというときまで、これらの人の声には耳を傾けないでしょう。

また、海岸は漁業や交通など重要な役目を果たしているため、本当にどうしようもない状態にならない限り、人間は海岸から移りたがらないでしょう。

ちょっと想像してみてください。あなたの国や他の国々はすでに大きな借金を抱えています。もし、こういった事態が起きたら、国家にかかる費用はどれぐらいでしょう?

経済がたちまち崩壊してしまうことは、想像に難くないはずです。しかし、予言や予想、まして科学にさえちゃんと耳を傾けることは、現在の人間はしないものです。

【ガイアの個人セッションより】ある兵士との会話

ガイアは、多くの個人セッションも行っています。以下は、お姉さんに薦められて、ガイアのセッションを受けたある若いアメリカの兵士とガイアの質疑応答です。

Q――姉はなぜ僕にガイアとのセッションを受けてほしいと思ったのですか?

あなたのお姉さんは、あなたのことが気がかりなのです。彼女は、あなたが兵士に志願する決断をしたことに満足していません。なぜなら彼女は、あなたが傷を負ったり、もしものことが起きたりすることに耐えられないからです。また、あなたが誰かを傷つけることも考えられません。

彼女は、自分の人生の目的の一つは、あなたを守ることだと思っています。そのため、今彼女は、自分の目的をちゃんと遂行していないと思っているのです。

Q――どうして、僕を守ることが彼女の役割なのですか？

これは、実感しにくいかもしれませんが、あなたとあなたのお姉さんは、過去の生で、第一次世界大戦のときをともに過ごしました。その生で彼女は、戦争に一緒に行くようあなたを説得したのです。日々の退屈な人生から抜け出し、冒険に出るような気持ちでした。

しかし、あなたがた両方ともこの戦争で生き残ることができませんでした。ただ、あなたのほうが先に死んでしまい、それをお姉さんが目撃したのです。

よくあるように、そのとき彼女は、自分自身を強く責め、魂のレベルであなたと自分の命を守ることを誓ったのです。

Q――僕は、自分の命や人生について誰か他の人に責任を持ってほしいとは思いません。その姉の魂の目的は変えられますか？

いいえ、私もあなたも変えることはできません。そして、あなた自身も魂のレベルでこの目的に合意したことを知っておくことが大切です。魂のレベルで選択されたことには、すべてきちんと目的があります。

あなたを守るという彼女の目的は、彼女の人生のほんの一側面にすぎません。人生の目的とは、いくつもの違う次元で選択されています。そして、それぞれの目的がお互いに関係し合い、人生の成り行きや展開が変化していきます。

これらの魂の目的を人間であるあなたが実行していくことで、魂は進化し、波動が高まっていきます。人生の目的は、最終的にあなたが神の意識である真の自分自身に目覚めるために役立っているのです。

Q——自分が神の意識を持っているなんて考えられません。過去に自分がやった良いことは十個も数えられないぐらいです。僕がやっていることは、神の行いとは程遠いです。

すべてのものは、神そのものです。なぜなら、神の領域以外になにものも存在することができないからです。人間も神であれば、戦争も、同志である他の人間に対して無意識になっている神の一部です。

戦争とは、〝神と自分は分離している〟と信じる人間として現れている神の一側面です。神としての真の自分の姿を見ることができない状態が戦争なのです。

Q――う～ん、僕はそれには賛成できません。神と戦争は、僕の中ではまったく相容れないものです。

いくらでも私に反対してください。あなたとのこの時間は、何か合意を得るための時間ではありません。ここは、あなたが疑問に思ったり、考えたりできるアイデアを提供する時間です。

地球以外の多くの惑星でも、戦争と神は同時に存在しています。戦争と平和も同じです。神の領域の外で存在できるものは、一切なく、すべてが神の思いから生まれたものです。

Q——神がどうして戦争を考えるのですか？

神ではなく、神である自分を忘れた人間が戦争を考えるのです。でも、人間の思いも神の領域の中で生まれたものです。どの人の思いや考えも、神の中で誕生します。

Q——それが本当なら、どうして人間は戦争など思いついたのですか？

自分の星で問題を抱えていた他の惑星の存在が、地球に戦争をもたらしました。人類はまだ無邪気だったので、それを真似したのです。あなたの先祖たちは、神が勝利するために自分たちは戦争をしていると信じていました。今でも神の名のもとに戦争をしている人たちがいますね。

Q——僕たち人間が戦争を思いついたのであれば、その代わりに平和をもっと僕たちが考えることはできますか？

はい。しかし、平和とは戦争の反対語ではありません。平和とは、すべての人は平等であるという思いと、他者のあり方を受け入れる心にあります。そして戦争とは、武器を使った戦いだけではなく、すべての争いに当てはまります。

例えば、家庭内の争いもそうです。戦争反対運動を行っているような人々でも、違う価値観の人を否定したり、周囲の人と何かをめぐって論争したりします。人々の心に平和がないために、いまだ地上では戦争が終わらないのです。

他の人の決断や選択を批判しないようにしてください。あなたはその人の過去も未来も知らないのです。彼らの現在の状況だけを見ても、真実はわかりません。もし、あなたが平和を信じるのであれば、あなたの中にある誠実さに基づいて、判断し、行動してください。どの人間関係、どの出来事においても、平和な状態を築くようつとめてください。戦争は、よそで起きているものではなく、偏見、差別、非難の心を持つすべての人の中で起きています。

あなたが望むなら、平和につとめる人々とともに立ち上がってください。しかし、真の許しとは何かを知っている人々とともに。そしてまず始めに、自分の中にある争いの思いを癒し、許してあげてください。過去、現在、未来にわたって、自分の敵などいないのだと認識し、あなたの兄弟も、一度は敵であったこともあることを知っていてください。

そして、ろうそくに火を灯し、あなたの前に生きた先祖たちの名前を優しくささやきましょう。彼らが捧げた人生はあなたにいろいろなことを教えてくれます。

Chapter

6

宇宙人、他の惑星、
月とのつながり

宇宙人は人間とは違う目的で地球を訪れます

Q——宇宙人は地球を訪れていますか？　だとしたら、彼らの目的は何ですか？

はい、多くの地球外の存在がこの惑星を訪れています。驚くかもしれませんが、ちょっと考えてみてください。人類も実際のところ銀河系という大きな家族の一員ですから、宇宙人も、人類の家族の一員と考えていいでしょう。つまり、遠縁の親戚があなたの家に遊びに来たり、違う国から知り合いが訪れたりするようなものです。

ただ、あなたがたの肉眼では見えなかったり、人間に溶け込んだりしているために、多くの人にはわからないのです。

そして、彼らの目的は何か？　これは、ちょっと大雑把《おおざっぱ》な質問ですね。というのも、人間もそれぞれ違う目的があって、地球に生まれてきています。同じように、宇宙人が来ている目的も一つだけではありません。

しかし、大雑把に答えれば、地球が持っている資源や可能性と関わり合いがあるといえるでしょう。地球が持っているある種の資源や可能性は、地球にとって利益があるばかりではなく、他の惑星、他の存在にも利益があります。

他の目的としては、現在地球が経験しているシステム、エネルギーの層、次元の変化と関連して地球に来ている存在たちもいます。彼らは、言ってみれば、エジプトの墓を探求する考古学者のようなものです。

現在、地球はとても重要な時期にあるので、そのことを知っている他の惑星から研究のために来ているのです。考古学者が、かつて地球の資源がどう使われたか、どう変化したか、どんなシフトが起きたかを調べるのと同じように、現在の地球の天候の変化、その他のいろいろな進化の変化を調べに来ています。

しかしまた、別の理由でやってくる者たちもいます。彼らは、同じ銀河系の存在で、どちらかというと人間を操作する意図を持って訪れてきています。というのも、人類の脳は、まだフルに進化していないので、非常にたやすく操作できてしまうからです。

人類は、銀河系全体から見ると、まだ子供の脳、子供の思考力しか持っていません。そのために、「このおもちゃで遊べるな」「この粘土でどう遊ぼうか」と思う存在たちを惹きつけるのです。それらの存在は、必ずしも悪意を持っているわけではありません。人間が海岸へ行き貝殻やいそぎんちゃくと遊ぶような感覚で、〝人間で遊ぼう〟とやってくるのです。これは人間がおもちゃだということではなく、人類がまだいろいろと学んでいる過程なので操作しやすいということです。

人類はまだ幼児期の段階なので、こういう話を聞くと、「なんて奴らだ！　ここに来てそんなことをするなんて」と思うことでしょう。しかし一方で、人類自身は、もっと早く成長し、進化することもできるのに、それをしていないのです。こういうこともあって、潜在意識のレベルで人類は今進化をしたいと真剣に願っています。

では、本当に人類が進化したいのであればどうすればいいのでしょう？　それは、内なる心、内なる目を開け、近視眼的な思いを超えて世界を見始めることです。

世界を大きな一つのコミュニティと見なし、ここに住む私たちはお互いに兄弟であり、すべての資源は地球上のすべての人や国に属しているのだと見なしてください。

そして、さらに視野を広げて、地球を超えた世界、他の惑星にも目を向けていくことが大切です。これは、少しずつすでに始まっていますが、まだよちよち歩きのレベルです。

現在、ロケットをどう宇宙空間に打ち上げ、残骸やゴミをどのように宇宙空間に残しているかを見れば、何をまだ学んでいないかは明らかです。

ですので、他の惑星からこういった技術を教えたり、導くために来ている存在たちもいます。人類がこの考えを受け入れるようになれば、もっと多くの存在たちが地球をサポートするためにやってくるでしょう。

Q——宇宙人が特に惹かれる場所や文化、国などはありますか？

特にありませんが、どの国にも光明の輝き（精神的なものやその教え）が好きな人たちがいます。こういう人たちは、他の惑星の存在たちを惹きつけやすくなります。

人が覚醒した意識を持ち、心を開いているとき、その人の放つエッセンス、またはオーラ、波動、光といえるものが、他の人たちよりも少し明るく輝きます。すると、宇宙空間からもそれが見ることができ、彼らの目に魅力的に映ります。

また、こういった人たちは、他の惑星の存在とともに活動することに対して恐れがないだけでなく、親近感さえ抱いています。

また、想像できるかと思いますが、他の生で別の惑星、別の次元に生きていた人たちもいます。そういった人たちもすでにコミュニケーションを取る能力を持っているため、他の惑星の存在たちを惹きつけやすくなります。

例えばあなたが、言葉の知らない外国に行くときに、とりあえず、その国に住んでいる自国の言葉が話せる人を探すのと同じようなものです。

ガイアのメッセージを伝えているこのチャネリングもある意味同じことです。チャネラーである彼女（ペッパー・ルイス）は、過去の生でもこの仕事をしていました。ですから、経験者の彼女を今回も雇ったのです。どうして新しい人を雇ってみないのかと思うかもしれません。しかし、やる気があって、上手にチャネリングしてくれる人がいるのに、なぜ他を探す必要があるでしょうか？

このようにどの国にも、またどの文化やコミュニティにも、他の惑星の存在たちとコミュニケーションが取れる人たちがそれなりにいます。ただ一般的に、土着の文化に生きている人たちのほうが、他の惑星の存在たちにとってコミュニケーションが取りやすいといえます。

というのも、彼らのオーラは、汚染度が低く、よりすっきりとしていることと、技術が少ないために思いや心があっちこっちに分散していないことがその理由です。

Q——地球にとって月は、どんな存在なのですか？

月は、地球に奉仕するために存在しています。月と地球は、その時々に位置を交代することもできます。

ちょっとイメージしてほしいのですが、例えば月がその中心から回転し、そのまま回転をし続けると、周囲の宇宙空間にある物質や物体を引き寄せます。それらを引き寄せ続けるうちにサイズが今よりも大きくなります。そうすると、今度は月が地球のような生命を宿す役割ができる惑星になれるのです。

こんなふうに太陽系の進化の過程で、地球と月は特定の時期に位置や役割を交代してきました。こういったことが知られていないため、科学者は、「月がどこから来たのか」「どうして今のような形になっているのか」「なぜ地球と同じ物質を持っていて、でもすべてが同じというわけではないのか」といったことが説明できないのです。

現在月は、地球の周囲を公転し、地球の目的や地球に生息するすべてのものに奉仕しているため、何も生命が生息していない言わば裸の惑星です。

また、月は地球だけでなく、太陽にも奉仕しています。地球も月とともに、太陽系にあるすべての生命の進化のために太陽に奉仕し、お互いを支えています。

あなたも想像できるように、太陽なしには地球に生命は育たず、進化もできないわけです。このように銀河系、太陽系にある惑星同士がお互いに奉仕し、支え合い、協力し合っています。このような関係がなければ、生命を育て、支え、進化させていくという宇宙の目的自体が失われてしまいます。

宇宙は、このように個が全体に奉仕し、全体が個に奉仕するといった首尾一貫したシステムになっているのです。

Q――他の惑星から地球に届くエネルギーは、それぞれ惑星によって違うのですか？

それぞれの惑星が、違った性質、違った波動を持ち、それによって自己の惑星を支えています。ところで、エネルギーとは一体なんでしょうか？〝気〟または〝プラーナ〟とシンプルに答えることもできるでしょう。しかし、エネルギーとはそれ以上のものです。

エネルギーは、すべてが存在する目的そのもの、生命を動かす力、あなたの呼吸、そしてあなたが生きる力そのものです。つまり、宇宙が存在する源泉ともいえます。

また、エネルギーは自然と超自然現象の源でもあり、可能性や確率性といった言葉さえ超える無限の力を持っています。

すべての惑星とすべての魂には、みな存在する理由があります。ある惑星は多くの目的を持ち、あるものはそれほど多くの目的は持っていません。

しかしいずれにしても、すべてのものには目的があり、そうでなければもともと存在することはありえません。

例えば、大きな岩のかたまりがある惑星に近づいているとします。その岩のかたまりは、近づいている惑星、またはその世界へ大きなインパクトを引き起こします。

小惑星もそうですが、この大きな岩のかたまりも、他の惑星へ衝突することで事象の連鎖を引き起こし、変化を起こします。すべてはこのように関係し合い、そこには必ず目的があります。

また、次元の数が多い惑星ほど、その目的も多くなります。多様性がある惑星や、多くの違った性質や要素を持ち、さまざまな生き物を支えることができる星にもたくさんの目的があります。こういった目で見ると、地球は偉大な目的を持った星ということがわかってくるでしょう。

地球上の多様性に目を向けてみると、人間、動物、植物、鉱物といったさまざまな種がそれぞれに生息し続け、進化を遂げようとしているのがわかります。

実に多種多様な活動が一度に起きているのです。この意味で、地球は活動している宇宙船ともいえるかもしれません。

Q――ガイアには、コミュニケーションをしている親密な関係の惑星はありますか？

ガイアはすべての惑星、すべての星体系とコミュニケーションを取っています。特に地球の歴史や進化に直接関わっている惑星、相互に交流している惑星や地球に使者を送ってきている惑星とは、コミュニケーションが活発です。

例えば一本の木の根っこから、さらに根が分かれていろいろな方向へ伸びているように、ある特定の惑星や星体系、そしてスターゲイトへは、まっすぐダイレクトにつながる道があります。また、その他の惑星ともそれほど密ではなくともコミュニケーションを取っています。

例えば木星は、地球にとって父なる神のような存在です。ギリシャ神話に出てくる守護神としての役割をしています。太陽系の他の残りの惑星もみな地球にとっては家族ですが、まだ発見されていない家族の一員もいます。

これは私にはとても面白いことなのですが、あなたがたは精度の高い望遠鏡で地球からものすごく離れた遠方の星を発見しているのに、目と鼻の先にある惑星をまだ発見していません。

こういったまだ発見されていない家族の一員も含め、それぞれの惑星が、地球を導き、完成度を高め、資源や進化の歴史を分かち合っています。

焦らず、ゆっくり、優しくステップを踏みましょう

Q――心が苦しいとき、どうしたらいいですか?

自分が周囲や宇宙と分離していると強く信じているとき、混乱や不安が心を支配します。あなたが吸う息は、宇宙の生命のエネルギーです。ですからそんなときは、深く吸って、そして息を吐き出してみてください。

また、「あなたの苦しみを取り除いてあげましょう」と言いながら、あなたの力を奪ってしまう人々に気をつけてください。違う苦しみにつながることが多いからです。それよりも、あなたの苦しみを同じように理解してくれる人たちと交わってください。

焦らずに、ゆっくり、優しくステップを踏んでいきましょう。自分を憐れに思いたけれ

ば、そうしてください。しかし、〝憐れな私〟のストーリーにあまりはまりこまないように。そして、暗闇に目を慣らし、もし頼まれたら、同じ道を歩んでいる人たちの助けとなってください。

過去にあったことと同じようなことがまた起きたら、出来事をきちんと認識し、しっかりと向き合ってください。太陽はすぐまた昇り、光もまた影を照らします。渦の中に落ちてしまったら、そこでもがくのはやめましょう。波に身を任せれば、逆にあなたの体は浮き上がり、必ず海岸にたどり着けます。あなたは、泥だらけかもしれませんが、くじけずたどり着いたのです。

あなたの唯一の罪は、三次元の性質のために、「創造の根源」である真の自分を忘れてしまったということだけです。ですから、苦しみへの一番の薬は、それを思い出し、そして忘れていた自分を許してあげることです。

Q――次もまた地球で生を受けるかどうか、どうすればわかりますか？

あなたは今回の生で、自分が計画したことをすべてやり遂げなかったと思ったときだけ、またこの世に戻ってきます。

また、次のチャンスというのは、いつでもあり、それは地球かもしれないし、別の惑星かもしれません。または、三次元かもしれないし、他の次元かもしれません。

あなたは、自分はなぜかここに生まれて、なんとか生きていくしかないという思いにあまりに慣れてしまっているので、あなたが、この幻想の刑務所から抜け出してもっと良い世界に行きたいと願うのは、ある意味当然のことでしょう。

しかし、地球に生まれてくることを誰かがあなたに強制したわけではありません。また、前回うまくやれなかったから、ふたたび地球に生まれ直したわけでもありません。

数多くの人生は、すべて発見の連続で、そしてすべてが鎖のようにつながっています。宇宙は壮大であって、多様性に富み、それは、あなた自身も同じです。〝今世で自分はもう地球は卒業だ〟と誇らしげに言う人もいますが、本当にそうかどうかは、今の時点ではわかりません。もしかするとそれは、単に希望的な推測で、真意は、地球の人生に疲れて、不満に思っているだけかもしれません。

しかし、その言葉を信じて、その人を師と仰ぎ、従ってしまう人々もいます。半分だけわかっている人に限って、そのように吹聴《ふいちょう》しますが、真にわかっている人は、黙って静かにしているものです。

明日や来世を思い悩むことは、魂の成長や人生のプロセスなど、すべてのスピードを落としてしまいます。ときにはまったく停止してしまうこともあります。例えば、世界は、燃料の涸渇《こかつ》を心配していますが、そのために実際に燃料不足を経験しています。その結果、恐れや不満、買占めなどを引き起こしています。

もし、誰かが年を取ることを思い悩んでいると、やはり同じことが起きます。体内の流動性が鈍り、体もゆっくりしか動かせなくなります。若くて新鮮な考え方をしていないと、骨格も硬くなり、肌も春や夏の明るいトーンではなく、秋や冬のような暗いトーンになってしまいます。

また、恐れの心は苦しみや悩みをもたらし、そのため人生が停滞していきます。まだ起きていない未来を心配したり、不安に思ったりする意味はあるのでしょうか？ 植物や動物は次の季節がどんなふうかを決して心配したりしません。

あなたが肉体を持っていないとき、つまり人生と人生の間の中間生にいるとき、あなたがたは、どんなことをしてでもまだ地球に戻りたいと必死になっていることを知っていましたか？ また、それを聞いて驚きますか？

災難や痛み、苦しみを通して学んでいくのは、うお座の時代の特徴です。うお座は、苦悩、無意識、隠された神秘、自己刑罰（自分にむちを打つ）を経験する時代です。また、同時に自己発見、真理の探究、知識の会得、情報収集、約束の実現、そして新発見などもその特徴です。

うお座の時代は、ほぼ終焉に差しかかり、現在は、次のみずがめ座の時代と重なっています。みずがめ座は、利他主義、宇宙の原理、文化の混合、芸術と科学の進化、心（愛、ハート）中心の精神世界の創造の時代です。*1

あなたは、本当にもう地球に戻ってきたくないですか？

＊1――星座の暦は、地球の軸の回転の測定に基づき、平均して約二一五〇年サイクルとして計算されている（ただし、計算の仕方は、いろいろな説がある）。この星座の暦は、通常の占星術の順番と逆のサイクルとなっているため、現在は、うお座の時代の終わりとみずがめ座の時代の始まりと重なった時期とされている。また、各星座には、特徴があり、社会がそれらに影響を受けるとされている。

「魂の闇夜」は順調なときほど起こります

Q——いろいろな気づきを得て、スピリチュアルな目覚めも体験し、人生がとてもうまくいっていた人が、その後、特に何があったわけでもないのに、混乱したり、不安定な気持ちになったり、うつっぽくなったりすることがあります。「魂の闇夜[*2]」という言葉を聞きましたが、これがそうなのでしょうか？　だとしたら、どうすれば抜け出せますか？

＊2―魂の成長段階で、真の自分に目覚める直前や、臨時的な目覚めの体験をした後に起きるネガティブな状態（混乱、分離感、うつ、自己喪失感など）を指す。またはネガティブな思いや感情から抜け出せず、生き辛い状態が長く続くことを指す場合もある。ここでガイアは、特にどちらかを定義せず、両方の状態に対応して回答している。

まず、覚えておきたいことは、スピリチュアルな目覚め（宇宙と一体化した経験、自分は、人間ではなく、純粋な意識の存在であると感じた体験など）や大きな気づきが一度起きれば、その後ずっとポジティブで楽しい一生が続くわけではないということです。人間は嫌なことはすぐに終わって、良いことは永遠に続くべきだと考える傾向がありますが、真実は、すべての出来事は一時的であるということです。

スピリチュアルな目覚めは、人間にとっては通常の状態を超えた驚異的な瞬間です。その目覚めは、その人の人生のさまざまな経験を通して、心の中で育ち続けます。そのような目覚めの体験は、その体験の長さに関係なく、意識を現在の状態から次の状態へとシフトさせます。

それは、魂の成長にとって計り知れないほど重要であって、細胞の記憶に永久に刻まれます。しかし、宇宙の観点からすると、その体験は、一瞬の出来事です。

そういった体験が重なって、あなたの真珠が美しく輝けば、輝くほど、「創造の根源」である真のあなたの姿がそこに映って見えてきます。あなたの精神性や意識の成長は、止まることなく常に継続的なものです。そしてまた、必ずしもこのようなスピリチュアルな目覚めの体験をしなければいけないということでもないのです。

信じられないかもしれませんが、魂の成長を遂げるには、日々の活動や人生での目的を達することで充分なのです。あなたの日々の生活のうち、どれぐらいがスピリチュアルな行いで、どれぐらいが日常的なことかといった評価を神は決してしません。

ある意味バカバカしいですが、あなたが人生の目的を探している一方で、あなたはすでに目的を生きています。そうでなければ、もともとあなたは存在していません。「創造の根源」は、常に目的を持ち、そして常に一貫しています。あなたが好きか嫌いかはともかく、知っておいてほしいのは、あなたはまず「人間であること」を練習し、その後に精神性や宇宙の真実について学ぶということです。

ですから、あなたが人生で経験することは、この人間を体験するという法則に沿っています。あなたが波動の最も重たい乗り物、つまり体を持っているという事実が、人間を練習している何よりの証拠です。苦しいときは、この法則を思い出してください。

とはいえ、こういった素晴らしいスピリチュアルな体験をして心を奪われずにいるのは、難しいことです。体験の瞬間は、魂は歓喜を体験し、魂が乗り越えようとしていた問題や困難を忘れることができます。これらの体験は、あなたの生きている人生だけが現実なのではなく、もっと大きな現実が存在していることをあなたに思い出させてくれるでしょう。

覚えていてほしいのですが、魂にとっては、スピリチュアルな体験とあなたが日常で体験していることにあまり大きな違いはありません。「スピリチュアルな体験は日常の体験よりもすごいことだ」と思ってしまうのは、三次元特有の二極的な思考のせいです。

つまり、良い体験、悪い体験、光、闇といったように判断したり、評価したり、比較し、それを自分の人生の目安にしています。しかし、魂は、これらをもっと大きな視点から眺め、良い体験も悪い体験も、単に違う体験としてだけ受け取ります。

Q――「魂の闇夜」は、どんなときに起こりますか？

「魂の闇夜」は、必ずしもスピリチュアルな目覚めの体験と関係して起きるというわけではありません。「魂の闇夜」は、自分はうまくいっている、ポジティブに物事が進んでいると思っているとき、〝やり残していることがありますよ〟と強制的に振り返らせるために起きます。魂は、そのやり残していることや見過ごしてしまったことを挽回するために、進んでいた道を逆戻りすることもあります。

なぜなら、あなたの魂は、完全な体験、完全な旅を目指していて、少しの妥協もしたくないからです。それは、どんなに高尚でストイックな生活をしていようが起こりえます。精神世界に造詣の深い人やその教えに人生を捧げている人ほど、この「魂の闇夜」を悪く受け止めてしまい、「これだけ努力しているのに！」と落ち込んだり、また、その苦しさを周囲のせいにしてしまったりするようです。

「魂の闇夜」は、困難なものですが、魂にとっては大いに遂行する価値のある旅です。旅の始めは、道が広く、比較的簡単に歩めますが、進むにつれてだんだん道が狭く、険しくなります。そして、自己の成長や真実を求めている人だけが歩み続けることができます。

さて、スピリチュアルな目覚めとは、意識的、または潜在的に人が真の自分に目覚めようと選択した結果起きるものです。この目覚めの体験は、普段現実だと思っている世界は幻想であって、真の現実はどんなものかを知る良い機会でもあります。

ちょっと鏡の中に映っている自分が、初めて鏡から抜け出し、振り返ってみたと想像してみてください。きっと鏡の中の自分の姿を見て驚愕してしまうでしょう。「鏡の中にいる私は誰？　そして、ここにいる私は誰？」と。

　これは、魂にとってはとても深遠な体験ですが、人間にとっては大いに混乱する経験でもあります。そのため、この体験を素晴らしいものとして見るより、「私はあんな鏡の中で暮らしていたのか、すべて幻想だったなんて、私が今までやってきたことは、意味のないことだったのか」と悪く受け取ってしまいます。


「魂の闇夜」がどれぐらい長く続くかは、その人がどれだけ自分の魂と近いかによります。ですから、自分のハートに耳を傾け、その声（魂）と寄り添っていくうちに、あなたは、いつか暗闇に目が慣れ、闇をしっかり見通せ、そして最終的には光を見ることができるようになります。闇の中にいる間は、何か創造的な活動をしたり、自分らしい何かを生み出したりする力を失い、生き辛く感じたり、もう終わりだと感じたりするかもしれません。

　しかし、日が落ちて夜になり、夜からまた朝へと移るように、魂の旅もまさに同じで必ず日が射す朝がやってきます。ですから、この過程が、どんなに残酷に思えたとしても、魂と人が一体化し、自分が神の手に抱かれていることを感じ、そしてどうしたら先に進めるかがはっきりわかる日が必ず訪れます。

おわりに——ガイアからあなたに贈る言葉

今までお話ししたように、あなたの魂は、すべてを記憶していきます。ですから、できるだけ賢い考えや行動を選んでください。

あなたが言ったこと、したことはすべて記録されるのです。あなたの魂は、あなたのすべての人生を記録した本ともいえます。その本の中に、どんな言葉、模様、記念、傷、悩み、そしてわくわくする出来事を入れるかは、あなた次第です。

アカシックレコードは、どんなささいで繊細な波動も記録することができる宇宙の図書館です。この図書館で、あなたはあなたの魂の歴史を見つけることができます。アカシとは、宇宙を構成している要素で、大変軽い波動です。

地球も、またの名をガイアライブラリーと呼ばれてきました。このライブラリーの中で、あなたは、あなたのハート（愛）の歴史を見つけられます。

あなたのハートは、地球上でのあなたの過去、現在、未来の人生の鍵を握っています。

地球で傷ついた心は、地球上で癒されるのが一番良いのです。

あなたは、驚くかもしれませんが、地球以外のどの惑星も地球ほど愛の要素を持っていません。金星でさえもです！

ガイアライブラリーを訪問することで、魂のハートは、ふたたび輝き、そして修復されます。心の傷は癒され、怒りは静められます。これもあなたが地球に何度も戻ってくる理由の一つなのです。

ハートはとても繊細ですが、あらゆるすべての感情を感じたいと思っています。真の自由とは、ある感情から逃げることではなく、その感情に浸ってしまうことで得られます。ひとたびあなたが平和を発見したら、その平和を日常の中で思い出し、感じるようにしてください。できれば、充分に感じて、周囲の人にも分け与えてあげられるぐらいに。傷つけられないようにと注意深く生きる代わりに、心をオープンにして生きてください。そうすれば、盲目的な愛や独りよがりな愛ではない、真の愛を発見できるでしょう。

知識や情報ばかり集めて満足しないようにしてください。もし、真の知識を得たいのであれば、自然に目を向けてみましょう。自然は宇宙の法則をもっとわかっています。

しばしば目を閉じて、自分の内側の風景を見てみてください。さまざまな思いや感情が織り成し、心の風景を作っているのがわかるでしょう。そして、今度は目を開けて、同じことをしてみてください。さまざまな生き物や人が溶け合って、一つの風景ができ上がっているとこが目に映るでしょう。

つまり、今この瞬間に意識をもっと向けてほしいのです。どうしても、明日や来週の計画を立てたいのなら、そうしてもいいでしょう。しかし、「今」をもっと生きるようにすれば、あなたは来年にはまるで別人のようになっているでしょう。

そしてまた、自分の脈拍にも注意を向けてみてください。脈拍は、地球の鼓動のようなものです。ときには静かで、ときには激しく脈を打ちます。生命の息吹は、故意に何かに介入したり、偏見を持ったりしません。あなたもそのようであってください。

他の人が経験していることを批判したり、判断しないでください。あなたには、人を批判する資格はないのです。神でさえもその資格はないのですから。自分にも他者にも優しく言葉を話しかけてください。

もしあなたが人を信じられなかったら、何か他に信じられるものを見つけてみましょう。そして、人生のプロセスを信頼し、あなたが真実だと思ったことは、確信をもって他の人々にも伝えてください。

日々新しく成長したり、生命を保持している自然のようにあってください。自然は、真の智恵もよく知っています。智恵とは、何をするかではなく、どうあるかにあります。

さあ今、あなたはどうありたいか、そしてどんな人生でありたいかを選んでください。

この本の言葉は、自分が「創造の根源」と分離しているあなたへの言葉です。分離しているという思いは、恐れしか生まず、またとても現実味があります。

分離の思いを信じ続ければ、恐れは、今日も明日もあなたについて回るでしょう。

まず、真の自分は、「創造の根源」から生まれた存在で、決して自分は分離していないのだということを思い始めてみましょう。新しい考えで道を歩めたとき、最初は、とてもゆっくりした歩みかもしれません。しかし、たとえゆっくりした歩みでも、どこまで歩いても地平線が見えてこない恐れを抱えた生き方よりも、ずっといいのです。

もし行き先や歩み方がわからなければ、まず、自分の心の中にある平和を見つけてください。多くの人が、ゴールに急ぐあまり、自分の中にあるオアシス（心の平和）を見過ごしてしまいます。道の途中にある牧草地は、あなたを大いに歓迎し、癒してくれます。

そして、私もそこにいるあなたを訪れましょう。それから、一緒に座って休憩をしませんか？　そこもあなたを歓迎する私の家なのです。

訳者あとがき

ガイアのメッセージはいかがでしたでしょうか？

また、ガイアの深い智慧と愛は、感じてもらえたでしょうか？

地球の気候のことから、宇宙について、人間について、生き方について、多くのメッセージがここには詰まっています。


ペッパーさんを通して直接ガイアと交信しているとき、ガイアが私たち日本人のことを「この島国に住む美しい人々」というたびに、私は涙が出そうになりました。

ガイアが指摘するように、私たちは、自分たちのうまくやれていないところばかりに目を向けてしまいがちですが、もっと自分たちの良いところへ目を向け、天に堂々と顔を向けて、胸を張って生きていって良いのだと深く感じたのです。


ガイアは、私たちが美しい存在だということだけではなく、「あなたは、完璧な宇宙から生まれた完璧な存在だ」ということを何度も言葉を換えて述べています。

つまり、私たちは生物学的な偶然から、人間として生まれてしまい、なんとか食べていくためにここにいるのではなく、大いなる目的を持った存在であることです。

「創造の根源」から、宇宙が誕生し、多くの惑星や計り知れないほどの数の魂が生まれ、その創造物の一つとして、地球があり、人間である私たちが存在しています。

ガイアが言うように、私たちは地球号の一員として自分の人生を創造しながら、さらに高いレベルのハーモニーを一緒に目指しているのです。


ガイアのメッセージは、三次元の世界にいる私たちの通常の概念をはるかに超えているため、もしかすると、ぴんとこないところもあったかもしれません。

正直に言えば、こういった話には慣れている私自身でさえ、〝たくさんある宇宙の一つ〟という表現にぶつかったときは、「えっ？　宇宙ってたくさんあるの？」と、一瞬脳が読解不能状態になりました。


また、例えば、ガイアはこう言っています。

「『創造の根源』は、大霊、すべてであるもの、絶対性、「無」や「空」などと呼んでも同じことです」

このような「無であってすべてである」という概念は、私たちにとっては、一見わかりにくいものです。しかし、現在の自分の考え方、見方、概念に挑戦してくるもの、またはよくわからないものほど、私たちの意識をさらに高めてくれる可能性を持っています。知っていること、わかることだけ吸収しても、新しい発見や成長は生まれないでしょう。

そういう意味で、ガイアのメッセージは、愛をベースに私たちを成長させてくれるものと私は感じています。

また、おそらくみなさんも感じられたように、ガイアは一切人間を批判しません。それどころか、どれだけ私たちが素晴らしい存在かと繰り返し、強調してくれています。「バランスの法則」にもあったように、私たちが自分を愛し、尊重することこそが、宇宙の法則に沿っていると教えてくれているのです。

でも、みなさんの中には、環境を汚していることに地球は怒っているのではないか、悲しんでいるのではないか、と思っていらっしゃる人も多いかもしれません。

しかしあるときの講演で、ガイアは、こう答えています。

「人間は自分が思っているほど、地球に及ぼす影響力は大きくなく、自然の智恵のほうがはるかに上なのです」

つまり、自然はまたバランスを取り戻すことができるということです。だからといって、「環境のことを考えず、好き勝手にしてもいい」ということではないでしょう。

健康のトピックなどでもガイアが強調しているように、私たちみなが健やかに生きていくには、自然を見習い、自然とともに生きていくことが大切なのだと思います。

私の個人的な体験談で恐縮ですが、昨年の初夏に本書にも触れている「スピリチュアルな目覚め（覚醒体験）」が突然、私に起こったのです。

その体験の最中は、私個人という感覚はなくなり、自分が体を持っていることがとてもおかしく感じられました。そして、この世は、エネルギーの渦が作り出す幻想であることも体感したのです。また、普段なんとも思わない周囲にあるもの、机やコップといったものたちを見て、これらが存在していること自体が愛なのだと実感しました。

この体験のおかげで、宇宙のパラドックスが、前よりも実感として理解できるようになったと思います。ガイアが言うように、世界はすべてが完璧で変える必要がないと同時に、地球や魂が成長し、変化していくために、やること、変えることがたくさんあるというパラドックスも理解できるようになりました。

「すべてはあるがままで完璧である」という真実と「成長や変化を求める幻想の世界」は、一つのコインの表裏のようなものでしょう。表しかないコインが作れないように、「創造の根源」もこの二つの側面を常に同時に持っているのです。

三次元の世界の人間ゲームにはまっている私たちは、なかなかこの二つの側面を感じにくいですが、私たちが普段感じられないだけで、「人間としての成長、変化する私たち」（幻想）と「『創造の根源』としてのあるがままで完璧な私たち」（真実）は常に背中合わせに存在しています。

私個人のスピリチュアルな目覚め体験は、数時間で終わってしまい、その後はすっかり普段の感覚に戻ってしまいました。

ところが、その後、本書にもあるような、さまざまなネガティブな感情が噴出し、まさに「魂の闇夜」のような体験をしたのです。言い換えれば、パンドラの箱が開き、閉められない状態になった感じです。これは、数日間で終わりましたが、良い意味でも悪い意味でも、以前より感情的になりやすくなってしまいました。

ところが、出来事をまともに受け取って、とても感情的になっていると同時に、それは幻想だとはっきり知覚している自分も同じぐらいいるのです。どちらの自分にもなれず、混乱した感覚がずっと続いていました。そこで、ガイアの個人セッションを受けることにし、どうしたらこの混乱から抜け出せるかを尋ねてみたのです。

すると答えは、次のようなものでした。

「面白い問題ですね。問題といっても困った問題ではなく、数学的な問題です。なぜなら、あなたは三次元と多次元を同時に歩いているからです。目覚めの体験をしたことで、あなたは自分が人間ではないという知覚があると同時に、波動の最も濃い世界が、毎日あなたにこれが現実であると説得してくるからです」

数学的な問題！　これは思いもよらない答えで、目からウロコが落ちた思いがしました。結局、このどっちつかずの状態から抜け出すには、これは物質世界、これは魂の世界というように分けて見るのではなく、すべてのもの、石や雨の雫、わいてくる思い、経験や出来事など、存在するすべて、起きていることすべての中に「創造の根源」の本質があることを認識することだと言われました。

そして、この世のすべてが幻想だというわけではなく、幻想とは結局、「創造の根源」

と自分が分離できると思ってしまうことだと話をしてくれました。

現在、二〇一二年のアセンションについて、いろいろな説が述べられています。本書でも触れていますが、三次元から五次元に移行するとは、結局、この分離感が癒されることではないかと私は思っています。

三次元を歩いているときは、私と世界は分離していて、どうしても不安がどこかにあります。しかし、多次元の感覚になっているときは、私はすべてであるという分離のない感覚で、とても平和な感覚でいられます。

多次元を歩くと書くと、ＳＦのような印象を持つかたもいるかもしれません。しかし、多次元とは言い換えれば、時間と空間がない世界です。

つまり、これは今まで多くのスピリチュアルマスターが教えてくれている「今ここにいる」状態にほかならないのです。

私たちが未来や過去について考えることなく、完全に今ここにいるとき、そこには時間と空間のない、すべてがつながった静かで平和な状態があります。

ガイアが提案するように、今自分の内側で起きていること、そして外側で起きていることに意識を向け、過去を悔やんだり、明日を憂うことなく、今ここにいることで、私たちは「まるで別人かのように」なれるのでしょう。

そんな心の状態から、私は一体どうありたいのかを問い、自分にとって、日本にとって、そして地球にとって、どんなことを自分はしたいのかを問いかけてみたいものです。

もし本当に、私が生まれてくる前、なんとしてでもまた地球に生まれてきたいと私が願ったのであれば、リラックスして回転木馬に乗って、自分らしく、自分の魂と地球の進化に貢献したいと思うのです。


目をつぶり、静かにガイアを意識すれば、ガイアはすぐにあなたに寄り添ってくれるでしょう。あなたの鼓動はどんな音を打ち出していますか？　あなたの脈拍は、どんなスピードで打っていますか？　そして、深い呼吸は吸っていますか？

あなたも、ガイアもこの地球、そして銀河系、宇宙もすべて一つの根源から生まれ、愛でつながっています。あなたの吸う深い息から、ガイアの無条件の愛が伝わりますように。

二〇一二年三月　イギリスにて

溝口あゆか

【語り】

ガイア

GAIA

地球の意識体、知覚。1997年よりペッパー・ルイスをチャネラーとして、人類に高い次元からのメッセージを送り続けている。その言葉は、癒すような優しさ、無限の思いやり、元気づける明るさに満ち、実践的でもある。また、地球に害を与えるものに対しても決して批判をしない。

【チャネリング】

ペッパー・ルイス

Pepper Lewis

母なる大地ガイアのチャネラーとして15年以上、ガイアのユニークで深い智恵とガイダンスに富んだメッセージを伝えている。澄んだ声でガイアのメッセージを明確に伝える彼女のチャネリングには定評がある。チャネリングを他の人々に教えることにも情熱を向け、トレーニングプログラムなども開発。現在、夫のグレンとともにオレゴン州のアッシュランドに在住。

【訳】

溝口あゆか

Ayuka Mizoguchi

ヒーリング・カウンセラー。早稲田大学卒業後、ロンドン大学ゴールドスミス・カレッジにて芸術運営学修士号を取得。「カレッジ・オブ・サイキック・スタディーズ」「Center for Counselling & Psychotherapy Education（カウンセリング&サイコセラピー教育センター）」などでヒーリング、カウンセリング、セラピーを学ぶ。公式ブログ「Care of the Soul（魂のケア）」では、ガイアのメッセージやスピリチュアルな教え、日常の悩みにどう対処するか、などを紹介中。日本でも毎年セミナーを開催している。

地球の魂「ガイア」の教え

2012年7月25日　第1刷発行

チャネラー …… ペッパー・ルイス

訳者 ……………… 溝口あゆか

発行者 …………… 見城 徹

発行所 …………… 株式会社 幻冬舎
〒151-0051　東京都渋谷区千駄ヶ谷4-9-7
電話 ……………… 03-5411-6211（編集）
03-5411-6222（営業）
振替 ……………… 00120-8-767643

印刷・製本所 … 株式会社 光邦

Printed in Japan　ISBN978-4-344-02223-2 C0095
幻冬舎ホームページアドレス　http://www.gentosha.co.jp/

この本に関するご意見・ご感想をメールでお寄せいただく場合は、
comment@gentosha.co.jp まで。